NOUVEAUX COMPTES FANTASTIQUES

IMITATION CONSIDÉRABLEMENT AMPLIFIÉE

DES

COMPTES FANTASTIQUES D'HAUSSMANN

DE M. JULES FERRY

PAR

PAUL ÉDOUARD

PARIS

E. DENTU, LIBRAIRE-ÉDITEUR

PALAIS-ROYAL, 15-17-19, GALERIE D'ORLÉANS

1885

NOUVEAUX

COMPTES FANTASTIQUES

PARIS

IMPRIMERIE DE G. BALITOUT & Cᵉ

7, rue Baillif, 7.

NOUVEAUX

COMPTES FANTASTIQUES

IMITATION CONSIDÉRABLEMENT AMPLIFIÉE

DES

COMPTES FANTASTIQUES D'HAUSSMANN

DE M. JULES FERRY

PAR

PAUL ÉDOUARD

PARIS

E. DENTU, LIBRAIRE-ÉDITEUR

PALAIS-ROYAL, 15-17-19, GALERIE D'ORLÉANS

1885

AVIS

Les pages contenues dans cet opuscule n'ont aucune prétention à l'originalité, ni pour le fond ni pour la forme. Elles ne constituent rien autre qu'une œuvre de compilation.

Les phrases bien écrites, les traits acérés et les tirades habilement construites dont elles foisonnent sont de M. Jules Ferry. Je les 'ai *littéralement* extraits des fameux *Comptes fantastiques d'Haussmann* qui furent, en 1868, l'origine de la fortune politique du Premier Ministre actuel de M. Jules Grévy.

Les chiffres, les renseignements financiers et autres que contient mon travail, je les ai puisés dans les rapports officiels de la commission du budget, et aussi dans le remarquable ouvrage de M. Le Trésor de La Rocque «*Finances de la République*».

J'ai confiance que ni la commission du budget, ni M. Le Trésor de La Rocque, ne me reprocheront de les avoir pillés.

Quant à M. le président du Conseil, j'ose espérer qu'il ne se froissera pas de ce que j'ai emprunté à son œuvre maîtresse de publiciste ce qui seul donnera quelque attrait aux pages qui suivent.

S'il était tenté de m'accuser de plagiat, je me permettrai de lui faire observer que l'humble et loyal aveu que je fais de mon crime, me doit valoir auprès de lui bénéfice de circonstances atténuantes.

J'ajouterai que ce que j'ai fait, je l'ai fait pour servir à sa gloire. La verve, le talent, toutes les qualités remarquables qu'il déploya à écrire les *Comptes fantastiques d'Haussmann*, apparaîtront en bien meilleure lumière dans les Comptes fantastiques que j'écris. Les Comptes fantastiques de la troisième République dépassent, en effet, de beaucoup *de centaines de millions* les Comptes fantastiques du préfet de la Seine sous le Second Empire.

Enfin, pour prévenir tout autre sujet de querelle, je m'empresse d'informer M. le président du Conseil que, pour peu qu'il estime la chose équitable, il pourra prélever sur les produits de mon travail tels droits d'auteur qu'il voudra bien.

PAUL ÉDOUARD,

A MONSIEUR JULES FERRY

PRÉSIDENT DU CONSEIL DES MINISTRES

MONSIEUR LE PREMIER MINISTRE,

Pour un minuscule publiciste, c'est une liberté grande de s'adresser à vous.

Il est entendu, en effet, qu'en tout ce qui touche aux affaires publiques « les gens » des Vosges et de l'opportunisme savent seuls ce qui nous convient. C'est pour cela que la majorité des Chambres, dont vous êtes le guide incontesté, n'a pas daigné, depuis plusieurs années, ouvrir à un seul des membres de l'opposition l'accès de la commission du budget.

Vous pouvez si vous le voulez, Monsieur le Ministre, sauver le pays de la catastrophe à laquelle il se laisse conduire tête baissée; si vous ne le voulez pas ou ne l'osez pas nous irons droit jusqu'au fossé.

L'instant est critique. Vous êtes un puissant seigneur, plus qu'un grand personnage, comme une des institutions fondamentales de la troisième République française.

Il est entendu que les folies budgétaires font partie du programme de cette République.

Mais tenant comme on dit le bon bout, c'est-à-dire ayant le pouvoir, j'imagine que dans le fond vous devez avoir peur des dangers que ces folies lui font courir.

Si malheur vous arrive, vous ne pourrez prétexter l'ignorance. Tout vous avertit, et la vérité crie vers vous par-dessus les toits.

Les humbles réflexions contenues dans les pages suivantes sont à la portée de tous. C'est de documents que vous connaissez, que j'ai tiré tout mon savoir. Je ne suis point sorcier, vous le voyez. Et vous, devant qui tout voile doit tomber, toute arcane s'ouvrir, vous en savez plus long sur ce que j'ai à vous dire, que je n'en puis savoir, moi pauvre publiciste.

Je n'ignore pas, Monsieur le Ministre, quels terribles soucis accablent Votre Excellence, et combien peu vous devez avoir de loisir et de goût à parcourir les élucubrations de vos adversaires.

Aussi bien j'éprouverai une joie inénarrable, si vous daignez un seul instant jeter les yeux sur les feuilles de ce petit volume, que j'ai pris soin d'écrire en votre style pour qu'elles vous agréent mieux.

I

POSITION DE LA QUESTION

Avant d'entrer en matière, permettez-moi, Monsieur le Premier Ministre, de bien poser la question qui s'agite à cette heure, entre la majorité opportuniste, avec laquelle et pour laquelle vous gouvernez la France, et cette France que vous régentez, endettez, triturez sans mesure.

Je ne dis pas qu'il n'y eût rien à faire pour la majorité opportuniste qui gouverne et vous obéit, au moment où cette majorité a commencé son office destructeur. Je ne dis pas non plus que rien depuis n'ait été accompli qui ne fût utile ou nécessaire.

Je reconnais hautement qu'on a fait de la France la meilleure vache à lait qu'il fût possible d'imaginer ; les affamés des deux mondes ne sauraient en trouver de plus féconde. Tout en tenant compte, en effet, de ce qu'exigeait l'établissement indispensable d'un nombre considérable de frères et amis, républicains de la veille ou républicains du lendemain, se ruant à la curée, et sans vouloir dire, que tous soient absolument mauvais parmi les innombrables fonctionnaires nouveaux qui dépècent le budget dans tous les sens et donnent à notre pays l'aspect déplaisant d'une colonie chinoise « emmandarinée » ; je crois qu'en tout ceci la mesure convenable a été quelque peu dépassée. Je m'empresse d'ailleurs de l'avouer, vous avez eu pour complice à le faire une partie notable du public de ce temps et ses mauvais instincts.

Je reconnais hautement encore qu'ils sont disparus les anciens temps, où chacun, plein de foi et de patriotisme, faisait simplememement et noblement son devoir; où il existait des traditions, où les persécutions religieuses ne troublaient pas les consciences et les plus chères habitudes, où l'esprit était prisé plus haut que les richesses, où l'avocat sans cause, le médecin sans malades, le vétérinaire sans clients ne donnaient pas le ton aux mœurs. Tout cela, je le pleure de toutes les larmes de mes yeux, en voyant l'intolérable régime, la coûteuse cohue, la triomphante vulgarité que nous subissons et le matérialisme honteux que nous léguerons à nos neveux. Mais c'est peut-être là la destinée qui s'accomplit et ce serait peine perdue de regretter le passé.

Les reproches à formuler contre la majorité qui nous gouverne par vos soins sont plus positifs et plus précis.

Cette majorité a sacrifié d'étrange façon à l'idée fixe et à l'esprit de système. Elle a tout immolé à ses caprices et à ses appétits; elle a englouti, et chaque jour elle engloutit dans des entreprises d'une utilité au moins douteuse le patrimoine des générations futures. Elle nous mène au triple galop sur la pente des catastrophes.

Nos finances sont gérées par des dissipateurs.

Il faut les interdire.

II

COMMISSION DU BUDGET

Confession de M. Ferry.

L'année 1884 a été, comme vous savez, Monsieur le Premier Ministre, une année de désenchantement pour le pays et d'examen de conscience pour les gouvernants. On pouvait être sûr qu'elle arriverait, cette année justicière. Le temps est le plus grand, le plus sûr des liquidateurs. Et l'année 1884 a commencé la liquidation de toutes les fautes de la troisième République. Sa politique au dehors se liquide par l'immense déconvenue du Tonkin. Sa prospérité au dedans se liquide par une crise douloureuse qui n'est pas près de finir. Les affaires financières qu'elle avait créées, choyées, couvées avec amour, ont eu le même sort que sa diplomatie; après avoir fait beaucoup de bruit essoufflées et boursouflées, elles s'affaissent et tombent. La catastrophe d'Alais au Rhône, entraînant dans sa chute le grand maître de la magistrature républicaine, fait pendant aux échecs extérieurs.

Tous ces désastres devaient pousser à la franchise ceux qui les ont amenés, et la fin de l'année dernière nous a apporté un spectacle qui, sans cela, eût été extraordinaire: la commission parlementaire chargée d'arrêter le projet de budget pour 1885 exigeant des économies, et vous-même, Monsieur le Premier Ministre, déclarant au sein de cette commission qu'il faudrait établir de nouveaux impôts en 1886.

Ce n'est pas moi qui ferai grief à la commission du budget de vouloir des économies. Je suis persuadé, cependant, que cela n'aura aucune suite. Economie, ce mot n'a pas de sens dans les bureaux du gouvernement que vous présidez. Pour les travaux publics, par exemple, les plans s'y font et s'y défont à la vapeur, sans réflexion, sans prévoyance; on en pourrait citer des preuves inimaginables. Les concessions s'y distribuent sous le manteau de la cheminée par centaines de millions, et les règles d'une sage économie y sont reléguées parmi les mythes d'un autre âge. Sous prétexte de développer le commerce national, de lui créer des débouchés nouveaux, d'assurer le prestige de la France au dehors et de donner à tous les bienfaits de l'instruction, vous démolissez, vous écrasez le présent et vous endettez l'avenir. Nos députés, la plupart individualités sans valeur, vous aident merveilleusement à cette besogne. Le pays pensait avoir en eux des représentants de ses intérêts; ce ne sont que des scribes votant sous votre dictée, comme vous-même souscrivez au premier signe à toutes leurs fantaisies. Et ce sera une des énigmes de ce temps, que des choses pareilles à celles qui se commettent depuis neuf ans sous le couvert du régime républicain, aient pu être tolérées aussi longtemps.

Cependant, pour que la commission du budget se soit émue, pour que votre confiance à vous, Monsieur le Premier Ministre, cette confiance imperturbable, la plus grande peut-être des temps modernes, s'inquiète et s'ébranle, pour que votre volonté, lancée à toute vapeur vers les plus grandioses entreprises, se soit arrêtée un instant au bord de l'abîme et que votre esprit si sûr de lui-même ait eu besoin d'avouer ses inquiétudes, il faut que la situation soit grave.

III

LA SITUATION

Les dépenses ordinaires du budget de 1869 s'élevaient, d'après le compte général des finances, à *un milliard six cent vingt-un millions trois cent quatre-vingt-deux mille deux cent quarante-huit francs.*

Les dépenses extraordinaires s'élevaient à *cent dix-huit millions cent vingt-trois mille sept cent vingt-un francs.*

Le projet de budget pour l'annéé 1885, présenté par M. le Ministre des finances, prévoit le chiffre de *trois milliards quarante-huit millions* pour les dépenses ordinaires, et celui de *deux cent huit millions* pour les dépenses extraordinaires.

Je ne parle pas des dépenses supplémentaires, qui fatalement viendront, au cours de l'année, augmenter les chiffres prévus par le Ministre.

Dans l'accroissement prodigieux des dépenses de l'Etat que constatent, pour une période de seize années seulement, les chiffres que je viens de vous donner ci-dessus, il faut, je le sais, Monsieur le Premier Ministre, faire la part des circonstances. Les conséquences de la guerre de 1870 ont enflé les intérêts de la dette et donné une extension considérable aux services de la guerre. Les charges de cette guerre ont augmenté de 450 millions les arrérages de nos rentes, et la réorganisation de l'armée qui s'en est suivie, apporte un supplément annuel de 200 millions au budget du ministère de la guerre.

Six cent cinquante millions, tel est le chiffre des charges budgétaires résultant de la guerre de 1870-71.

Ces 650 millions soustraits du chiffre total des charges budgétaires de 1885, la différence entre ce total et le total des charges budgétaires de 1869 ressort exactement à *un milliard cent quatre-vingt millions sept cent quatre-vingt-six mille six cent trente-un francs.* C'est là, déduction faite des charges que nous a légué la guerre, le chiffre exact de ce que paient les contribuables en 1885, en plus de ce qu'ils payaient en 1869.

Mais cessons, si vous le voulez bien, Monsieur le Ministre, de comparer entre elles les charges budgétaires supportées en 1885 par les contribuables et celles qu'ils supportaient en 1869.

Comparons entre elles les charges budgétaires de deux années moins éloignées l'une de l'autre et non séparées par des désastres comme ceux de la fatale année 1870-71; celles des années 1876 et 1885, par exemple.

Dans cet espace de neuf années, aucun événement ne s'est produit qui ait pu aggraver les charges du budget.

En comparant entre elles les charges du budget de 1876 et celles du budget de 1885, nous pourrons donc plus facilement et plus exactement nous rendre compte de la rapide extension que prennent les dépenses publiques sous un gouvernement républicain.

Le budget de 1876 s'élevait à *deux milliards cinq cent soixante-quinze millions* pour les dépenses, y compris une dotation de deux cents millions pour l'amortissement.

Le projet de budget de 1885 prévoit *trois milliards deux cent cinquante-six millions* pour les dépenses et la dotation pour l'amortissement est réduite à *cent millions.*

Sept cent quatre-vingt-un millions, tel est donc le chiffre indiquant l'augmentation des dépenses de 1885 sur celles de 1876. Ce chiffre atteint 1.260 millions, si l'on tient compte des dépenses extraordinaires.

Et je ne parle pas de l'accroissement qu'a pris la dette flottante, ni des emprunts qu'on a fait contracter à la France depuis 1876. Ces emprunts atteignent cependant le chiffre respectable de *trois milliards de francs.*

En 1876, avec 2.575.028.582 fr. d'impôts, nous avions des excédents de recettes. En 1885, avec 3.256.000.000 d'impôts, nous aurons un déficit officiellement avoué de 317 millions.

Chaque Français paiera en 1885, pour les seules dépenses de l'Etat, sans parler de celles des départements et des communes, *un sixième de plus* environ qu'il ne payait en 1876; au lieu de 69.77, il paiera 80.92.

Et cela ne suffira pas.

C'est la première fois j'imagine, Monsieur le Premier Ministre, qu'un pareil et aussi rapide accroissement de dépenses se soit produit dans le budget d'un Etat. Je pourrais donc m'arrêter là et redire après tant d'autres : Quoi ! 1.260 millions de dépenses de plus en neuf ans, c'est-à-dire un surcroît de dépenses égal au total des dépenses de la France il y a seize ans, voilà ce que nous ont valu République, républicains et opportunistes !! En vérité, en aucun lieu, en aucun temps, pareille chose s'était-elle jamais vue ?

Mais la plainte est banale, à force d'être juste. J'ai mieux à dire aujourd'hui. Jusqu'ici il a été d'habitude de répondre aux adversaires de la République, qu'un gouvernement républicain seul avait l'art d'être économe et désintéressé, de ne grever ni le présent ni l'avenir et surtout de toujours respecter la loi.

Eh bien, je voudrais brièvement vous montrer que tout cela n'est pas exact ; comment les deniers publics sont gaspillés sans trêve ni mesure par votre gouvernement, et comment, sous son instigation, mille fissures ont été ouvertes et chaque jour s'élargissent, par lesquelles s'écoulent l'épargne et l'argent du pays, et comment, enfin, à chaque instant vous violez les règles protectrices de la fortune publique.

IV

PROGRESSION DES DÉPENSES D'ADMINISTRATION. FAVORITISME. — CRÉATION DE SINÉCURES.

« En examinant l'ensemble de l'administration intérieure du pays, disait en 1850, dans un rapport présenté » à l'Assemblée nationale, l'illustre Berryer, nous sommes » obligés de signaler la ruineuse multiplicité des fonctions » et des emplois publics, que nous voyons s'accroître » prodigieusement, et qui appellent trop d'hommes, au » moment de leur entrée dans la carrière de la vie, à solliciter de l'Etat une existence bornée, mais commode » et sûre. Ainsi se perdent l'énergie et l'honorable indépendance de l'homme obligé d'assurer par lui-même » son avenir ; ainsi s'éteignent trop de capacités qui

» auraient pu honorer et servir plus utilement le pays ; » ainsi s'augmente pour les contribuables la charge de » ces existences auxquelles il faut pourvoir, sans obtenir » de leur travail une valeur égale à ces rémunérations » accordées en trop grand nombre. »

Le mal signalé par Berryer s'est singulièrement accru depuis quelques années. Je n'ai pas d'éléments suffisants pour savoir quel était le chiffre des traitements civils en 1850. Mais je connais le chiffre qu'ils atteignaient en 1876 et celui qu'ils atteignent en 1885. De *deux cent soixante-dix-neuf millions neuf cent quarante mille francs* en 1876, le total des traitements sujets à retenue s'est élevé pour 1885 à *trois cent soixante-dix-huit millions deux cent neuf mille neuf cent quatre-vingts francs,* c'est-à-dire que de 1876 à 1885 il s'est augmenté de *quatre-vingt-dix-huit millions deux cent soixante-neuf mille neuf cent quatre-vingts francs.*

Que d'abus sans nom se commettent journellement à cet endroit.

Depuis 1876 il a été créé dans les ministères 10 directions nouvelles, 19 postes de sous-directeurs, 51 places de chefs de bureau, 74 de sous-chefs; on en est arrivé, dans certains ministères, à une proportion invraisemblable entre ceux qui surveillent ou dirigent le travail et ceux qui l'exécutent.

C'est ainsi que l'on trouve :

Aux Beaux-Arts...	30	chefs pour	70	employés.
— Cultes.......	20	—	31	—
— Contributions directes...	11	—	19	—
A l'Enregistrement	36	—	42	—
Aux Manufactures.	15	—	22	—

Et ce ne sont là que des totaux par administrations. Si l'on descendait dans le détail de la composition des bureaux de chaque ministère, on en trouverait plus d'un où le nombre des chefs égale celui des employés.

« *Il serait temps de mettre fin à de pareils abus,* » disait, en 1882, au nom de la commission du budget, son rapporteur, l'honorable M. Ribot.

Oui, Monsieur le Premier Ministre, il serait temps de mettre fin à de pareils abus.

La loi les interdit, et c'est au mépris de la loi que vous

les commettez chaque jour. Quand vous ne la violez pas ouvertement la loi, vous la tournez.

Pour peupler les ministères de vos favoris vous employez tous les moyens.

Vous créez pour cela des fonctions nouvelles sans la moindre utilité. A côté de chefs et de sous-chefs de bureaux, vous créez des chefs-adjoints ou des employés faisant fonctions de sous-chefs, etc., etc.

Et tout cela, vous le faites au détriment de l'avancement hiérarchique et des petits employés, dont la position reste précaire; l'avancement passe par-dessus leur tête. C'est de plain pied qu'on arrive aujourd'hui aux grades élevés des administrations publiques; l'employé le plus honorable et le plus compétent est toujours sacrifié au favori étranger au service.

Ce ne sont pas là d'ailleurs les seuls abus que vous commettez.

Depuis l'avènement des républicains opportunistes au pouvoir, la persécution la plus odieuse sévit dans tous les rangs de l'administration.

Des milliers d'employés de tout rang et de tout ordre ont été renvoyés, non pas parce qu'ils ne remplissaient pas correctement leur devoir, mais parce qu'il fallait donner leur place à quelque républicain qui en avait pris goût.

La politique d'*épuration*, si largement pratiquée en ces dernières années, a provoqué la honteuse manie de l'espionnage à tous les degrés de l'échelle administrative.

Et cet espionnage, il ne se borne pas aux actes de la vie publique : chaque fonctionnaire y est soumis pour tous les actes de sa vie privée.

Un fonctionnaire, quel qu'il soit, n'a plus la liberté de sa table, le choix de ses convives ni de ses relations; il devient un suspect s'il reçoit un suspect, suspect s'il aborde ou salue un suspect.

L'inquisition va plus loin : elle cherche à pénétrer le secret des consciences; pour un fonctionnaire, aller à l'église, y accompagner sa femme ou ses filles est un crime; avoir ses enfants dans une école religieuse une trahison.

Partout des employés ignorants sont substitués aux employés capables; partout la faveur prend le pas sur les droits acquis et les services rendus.

On en pourrait donner des preuves inimaginables :

« Il y avait au Puy (Haute-Loire) un conservateur d'hypothèques bien noté et jouissant de l'estime générale. Survint un préfet désireux de se signaler; or, aujourd'hui un préfet se distingue en molestant les employés dits cléricaux. Le préfet, à peine installé, aperçoit un fonctionnaire en costume qui suivait une procession. Qui est celui-ci, s'écrie-t-il? — C'est M. X... », lui dit-on. Il rentre courroucé à la préfecture. « Qu'est M. X...? — Conservateur des hypothèques, » répond l'employé tout tremblant. Le préfet court au télégraphe, dénonce le coupable au Ministre et réclame la destitution. Au ministère cela ne fit pas question. Songez donc, suivre la procession! en costume. Dans les vingt-quatre heures le fonctionnaire fut destitué sans d'ailleurs être informé de rien. Un matin il apprend qu'il vient d'être révoqué. Il se rend à la préfecture pour solliciter une explication. « Vous avez suivi la procession en costume, lui dit le préfet! — Moi! souffrant, je gardais la chambre, » reprit le malheureux fonctionnaire. On s'informa. Il y avait eu confusion. Le vrai coupable, aussi fonctionnaire, était le frère du conservateur des hypothèques; celui-ci n'avait pas bougé. N'importe; le conservateur destitué ne fut pas replacé. »

Pendant qu'on révoquait ainsi par erreur, et pour avoir été soupçonné de suivre les processions, le conservateur des hypothèques du Puy, M. Wilson faisait nommer en qualité de conservateur des hypothèques, à Versailles, un ancien directeur d'enregistrement irrémédiablement ruiné, vivant d'escroqueries, perdu de dettes, sous le coup de plusieurs jugements et de traites protestées. Ce malheureux n'avait d'autres titres que la protection d'une personne qui avait marqué dans les clubs de 1848 par ses opinions extravagantes et celle de M. Wilson, qui exigeait sa nomination. Depuis, sa triste carrière s'est dénouée en police correctionnelle (1).

Dans la liste des trésoriers généraux nommés en ces dernières années on trouve, à côté de beaucoup de préfets auxquels des trésoreries ont été données en compensation de préfectures qu'ils avaient dû abandonner à la suite de démêlés avec leurs administrés, un petit escompteur,

(1) *Les Finances de la République*, de M. de La Rocque, p. 218. Calmann Lévy, éditeur, Paris.

un ancien sous-préfet, huit anciens députés, quatre conseillers généraux, un conseiller d'arrondissement, un entreposeur de tabac, un agent d'affaires, un notaire de canton, un architecte, deux marchands de vins, un marchand de nouveautés.

On n'y trouve à peu près aucun homme appartenant de vieille date à l'administration des finances.

De même que les trésoreries générales, les perceptions de Paris et des grandes villes ne se donnent plus par avancement régulier. A Paris, on les donne à d'anciens préfets, à des députés, à des journalistes, à M. Duhamel. A Lyon, on nomme M. Agar. M. Agar est de Cahors, ami d'enfance de Gambetta. Il gérait une petite brasserie dans le chef-lieu du département du Lot.

Faire son devoir n'est plus un titre à l'avancement aujourd'hui. Le dévouement servile aux gouvernants du jour tient lieu d'intelligence et de capacité.

Bien plus, avec un tel dévouement et la protection des gens au pouvoir, un fonctionnaire peut tout oser et tout se permettre.

Il y avait dans la Loire-Inférieure, à Saint-Etienne-de-Corcoué, un buraliste envoyé là par le préfet. Son seul titre connu était son républicanisme. Ignorant et grossier, le buraliste provoquait des plaintes; sa probité même était soupçonnée, mais, couvert par la protection du préfet, il bravait le mépris public. Enfin, l'administration des contributions indirectes, examinant d'un peu près ses comptes, reconnut qu'en délivrant des expéditions, il en partageait tout doucement les profits avec le Trésor. Ce buraliste a été destitué; mais, en dépit de ses soustractions, il n'est pas question de le poursuivre.

Le sieur X..., percepteur, avait conquis l'amitié d'un député de la Savoie; il commet des malversations: aussitôt le député écrit au ministre: « Je porte à M. X... un intérêt très légitime, et je suis tout disposé à le soutenir très énergiquement, même au prix d'un conflit personnel. » Et le protégé a beau être convaincu de détournements, le Ministre ne tient pas compte des rapports du chef de service. Du percepteur concussionnaire il fait un receveur particulier.

Malheureusement pour lui, celui-ci ne changea pas d'allures en changeant de poste; il commit de nouveaux méfaits, détourna 50.000 fr. et finalement vint échouer sur les bancs de la police correctionnelle (1).

En vérité, monsieur le Ministre, depuis l'avènement de la vraie République, il faut bien l'avouer, l'État n'a pas la main heureuse dans le choix de ses fonctionnaires, et parfois, trop souvent même, vous recrutez pour comptables des deniers publics des gens auxquels, assurément, ni vous, ni M. Jules Grévy ne confieriez un seul instant la garde de votre bourse.

Voilà où vous conduisent le favoritisme éhonté et le dédain de tout respect pour les services rendus, avec lesquels vous procédez aux choix de vos fonctionnaires.

Et ce n'est pas tout, car vous ne vous contentez pas de remplir les administrations publiques de vos créatures, de créer sans cesse des postes nouveaux à leur profit, vous les comblez encore des faveurs budgétaires, et, pour récompenser comme il convient leurs mauvais services, vous n'hésitez pas à augmenter sans cesse le chiffre de leurs traitements.

Permettez-moi d'entrer dans quelques détails à cet égard.

***

A quel besoin répond, dans le budget du ministère de l'intérieur, l'augmentation de 650.000 fr. inscrite depuis 1876 au chapitre III (traitements des fonctionnaires des départements) et réservée aux seuls préfets, c'est-à-dire à des fonctionnaires déjà rétribués au delà de leurs services.

Je sais bien que c'est une fonction peu agréable à remplir que celle de préfet de la République. D'abord il faut plaire aux sénateurs, aux députés, aux comités électoraux. Cela n'est pas toujours facile. Ensuite il faut consentir à vivre en ermite, car dans la plupart des villes de France, le préfet est actuellement, et dès son arrivée, soigneusement mis au banc de la bonne société.

Mais si vous exigez de vos préfets une besogne difficile, celle de plaire à tous et à vous-mêmes ; si, en les employant jadis à des œuvres de crocheteurs, vous leur avez enlevé la considération de leurs administrés, la faute en

(1) *Les Finances de la France*, de M. Le Trésor de La Rocque.

est-elle aux contribuables, et devez-vous, équitablement, je vous le demande, saigner leur bourse à blanc pour donner une compensation pécuniaire aux infortunes de ces préfets ?

***

Avant de s'emparer du pouvoir, les républicains déclamaient contre les indemnités excessives, disaient-ils, qui étaient attribuées à nos diplomates.

A quels besoins donc répondent : 1° les augmentations de 3 180.235 fr. pour le chapitre III du budget du ministère des affaires étrangères, relatif aux agents politiques et consulaires ; 2° l'augmentation de 170.000 fr. pour le chapitre du même budget relatif aux frais d'établissement de ces agents ; 3° celle de 340.000 fr. pour frais de voyages et de courriers ; 4° celle de 1.085.440 fr. pour frais d'entretien et de service de résidence ; 5° enfin celle de 130.000 fr. pour indemnités et secours ; toutes augmentations inscrites au budget du ministère des affaires étrangères depuis 1876 ?

Notre corps diplomatique, en 1876, servait la France avec habileté et dévouement. Les hommes éminents qui occupaient alors nos ambassades le faisaient avec assez d'éclat, pour montrer que ce n'est pas le chiffre élevé du traitement qu'on leur donne qui fait les bons représentants d'un pays à l'étranger.

Il ne semble pas que, depuis, les largesses budgétaires accordées à nos diplomates républicains aient bien servi la France.

N'est-elle pas aujourd'hui plus isolée que jamais ? Elle a perdu l'amitié de l'Italie, l'amitié de l'Espagne et même la bienveillance intermittente de l'Angleterre.

Et, de cela, à qui doit être attribuée la faute, Monsieur le Ministre ?

Ne sont-ce pas les hommes d'Etat républicains qui ont fait le vide autour de nous, par leurs erreurs et leur imprévoyance, autant que certains de vos diplomates par leur langage inconsidéré, les lacunes de leur éducation ou le ridicule de leurs mésaventures ?

***

Que pensez-vous encore, Monsieur le Ministre, de ceux des crédits inscrits au budget du ministère des finances pour traitements du personnel des contributions directes et du cadastre en Algérie, doublé d'un personnel de topographie, qui l'un et l'autre émargent, *alors que la contribution foncière n'est pas encore établie en Algérie?*

Et de l'augmentation de 10 millions obtenue par ce même ministère pour le personnel des tabacs, augmentation de plus d'un sixième du montant des allocations accordées à ce personnel en 1876, alors que la consommation du tabac n'a pas augmenté depuis d'un douzième de ce qu'elle était à cette époque.

En 1876, le montant des crédits afférents au Ministre des finances et à son personnel d'administration centrale s'élevait à 2.929.000 fr. Pour 1885, il atteindra 4.069.970 fr.

A quoi répond cette augmentation de dépenses de 1.140.970 fr.?

***

Si exagérées et si peu justifiées que me paraissent les augmentations de dépenses inscrites depuis 1876 aux budgets, de l'intérieur des finances ou des affaires étrangères, je me ferais scrupule de ne pas avouer, Monsieur le Ministre, qu'elles ne sont cependant ni les plus exorbitantes ni les moins justifiées.

Le budget du ministère des postes et télégraphes en révèle d'aussi critiquables.

M. Cochery est un homme aimable entre tous. On le dit administrateur habile et je ne le conteste pas. Mais il est certainement un Ministre complaisant pour les députés ses collègues. Tout ce que veut un député, il l'obtient de M. Cochery: créations de bureaux de poste, augmentation du nombre des courriers et des facteurs de sa circonscription, tout, tout enfin, et galamment. M. Wilson a eu besoin d'un fil, M. Cochery le lui a accordé, *sans redevance,* disent les bien informés.

Tant de bons procédés ne sont pas perdus pour votre éminent collègue. Depuis qu'il est Ministre, les crédits de son ministère n'ont jamais été réduits, et chaque année il obtient les augmentations qu'il désire. De 1876 à 1885 le total des augmentations obtenues pour les deux services qu'il dirige a atteint 54,486,064 fr,

La commission des services administratifs de l'Assemblée nationale avait conclu à la fusion des services des postes et des télégraphes en invoquant, entre autres motifs, le motif suivant : « Par la fusion, disait-elle, se trouveront provoquées et rendues possibles les réductions des états-majors, la diminution du personnel dans les moyens et les bas emplois, enfin la réalisation, à la décharge des contribuables, de notables économies aux budgets des communes et au budget de l'Etat. »

Que dirait cette commission, Monsieur le Ministre, si elle avait à juger aujourd'hui les créations de toutes sortes dont votre collègue des postes se plaît à donner l'énumération dans son rapport.

Et, en présence de ce qui se passe dans les bureaux de son administration, n'aurait-elle pas le droit et le devoir de critiquer l'augmentation de 54 millions que nous coûte l'organisation des services de M. Cochery.

Autrefois les soustractions et les vols étaient rares dans les bureaux de l'administration des postes : depuis quatre ans les lettres recommandées, les lettres chargées disparaissent comme les autres. On dirait les bureaux envahis par une bande de malfaiteurs.

A Paris, 189 chargements ont disparu dans la nuit du 16 au 17 avril 1882 : les valeurs dérobées, dont les journaux ont publié la liste, dépassaient 300.000 fr.

Dans la nuit du 31 octobre au 1er novembre 1882, un vol non moins audacieux était commis dans le wagon-poste-allège faisant partie du train express de Paris et arrivant à Bordeaux à sept heures dix du matin. Dix-huit sacs de dépêches étaient ouverts, des lettres recommandées et des valeurs déclarées soustraites. La somme volée a été évaluée à 500.000 fr.

Les auteurs de ces vols n'ont pas été découverts. L'enquête faite à leur suite a seulement fourni la preuve que dans les bureaux de postes de Paris les soustractions étaient très fréquentes. Un employé s'emparait des mandats internationaux, les présentait aux bureaux de quartier et les touchait après les avoir faussement acquittés. Un autre dérobait les échantillons ; il y avait chez lui, dit le procès-verbal, assez d'objets pour monter un bazar. Un troisième s'appropriait les chargements d'un bureau de quartier. Un quatrième interceptait les lettres contenant des reconnaissances d'objets déposés au Mont-de-Piété et dégageait à son profit les objets engagés. Un cinquième fut surpris encore nanti de la lettre chargée qu'il avait soustraite.

A Lyon, en cette même année 1882, un vol de 50.000 fr. fut signalé. Dans une même semaine, la cour d'assises du Rhône condamna à quatre années d'emprisonnement le facteur Durdilly, convaincu de détournements, et la cour d'assises des Bouches-du-Rhône condamna à deux ans de prison le surnuméraire Trotobas, qui pour son début avait volé seize lettres chargées.

D'autres vols étaient constatés en même temps à Soissons, Laon, Toul, Dijon, Saumur, Angers (1).

Et je parle seulement des vols révélés par la presse dans un intervalle de quelques mois. Il y en a bien d'autres, car l'administration recouvre d'un voile mystérieux tous les méfaits dont elle peut dérober la connaissance à la justice.

Prétendrez-vous, Monsieur le Ministre, que l'odieuse multiplicité des faits analogues à ceux que je viens de vous citer est largement rachetée par les innombrables services que rendent à votre gouvernement les employés de M. Cochery au moment des élections ?

C'est un fait connu, en effet, que les receveurs des postes et les facteurs sont d'excellents courtiers électoraux entre vos mains, et qu'en temps d'élection, l'administration des postes fait distribuer avec exactitude les circulaires et les bulletins des candidats bien notés, tandis qu'elle entrave l'envoi et retarde la distribution des circulaires et des bulletins de leurs adversaires. Dans une élection au conseil général du Lot, il a été constaté que le bureau de Luzek avait conservé les circulaires de l'un des candidats, portant le timbre du 28 juillet, pour ne les faire distribuer que le 4 août, c'est-à-dire en même temps que les imprimés du candidat agréable, lesquels n'avaient été remis au bureau que le 2 août.

Moi, j'estime que tout cela, services spéciaux à votre gouvernement et à ses amis et multiplicité des détournements au préjudice du public, ne vaut pas les 50 millions de supplément de dépenses que nous coûte l'administration

(1) *Les Finances de la République*, de M. Le Trésor de La Rocque.

actuelle des postes, sur ce qu'elle nous coûtait en 1876.

Et j'imagine, si je ne me leurre, que les contribuables appelés à payer ces 50 millions doivent être un peu de mon avis.

***

J'arrive au budget du Ministre de l'instruction publique.

Le budget de l'instruction publique a été triplé, disait avec orgueil M. Varroy, dans son rapport au Sénat sur le budget de 1882. Il répétait ainsi ce que ministres et rapporteurs n'ont cessé de dire et redire depuis avec la même fièreté.

Aujourd'hui seulement on commence à être un peu moins lyrique à l'endroit de ce budget.

« Nous sommes aussi partisans que qui que ce soit du développement de l'instruction, écrivait récemment M. Leroy-Beaulieu, mais le ministre de l'instruction publique a besoin d'un frein. »

Ces paroles sensées seraient tout ce que je voudrais dire à l'endroit d'un budget qui, en quelques années seulement, s'est accru de 100 *millions de francs*, sans compter les dépenses extraordinaires auxquelles il a donné lieu.

Force m'est cependant d'entrer dans quelques détails.

Le tableau suivant, emprunté à la statistique du ministère de l'instruction publique, reproduit les nombres successifs d'élèves dont la présence a été constatée dans les écoles primaires pendant les dernières années.

ÉCOLES PUBLIQUES

Années	Garçons	Filles	Total
1876-1877.	2.197.652	1.625.696	3.823.348
1878-1879.	2.256.197	1.706.605	3.982.802
1879-1880.	2.283.970	1.731.127	4.015.097
1880-1881.	2.314.751	1.765.217	4.079.968

ÉCOLES LIBRES

Années	Garçons	Filles	Total
1876-1877.	203.230	690.357	893.587
1878-1879.	202.220	684.065	886.285
1879-1880.	234.431	700.063	934.494
1880-1881.	253.588	715.807	969.395

Pour les écoles publiques, de 1877 à 1882, la moyenne annuelle d'augmentation est de 1.15 0/0; pour les écoles libres elle est de 1.56 0/0.

Malgré les atteintes à la liberté des consciences, malgré les pressions de toute nature exercées sur les pères de famille, les écoles publiques n'ont pu se maintenir au niveau des écoles libres ni attirer sur leurs bancs un aussi grand nombre d'élèves.

Le gouvernement de la République a voulu monopoliser l'enseignement et par tous les moyens en faire un de ses éléments d'action et un instrument de sa politique.

Vous voyez ce qu'il a obtenu.

Pour l'enseignement secondaire, c'était l'enseignement libre qui servait surtout à son développement. De 1865 à 1876 l'accroissement du nombre des élèves dans les lycées et collèges était seulement de 18 0/0 ; dans les établissements congréganistes il était de 31 0/0.

Depuis la fermeture des établissements congréganistes un certain nombre d'élèves se sont réfugiés sur les bancs des établissements officiels, mais ce mouvement n'a pas été, en définitive, favorable à l'extension de l'enseignement secondaire.

A qui donc et à quoi servent les libéralités budgétaires en faveur de l'instruction publique?

Pour des écoles sans élèves on a créé par milliers des places de maîtres et de maîtresses, tous maigrement payés et par leur nombre chargeant lourdement le budget.

En 1879 il y avait 13.759 instituteurs ou institutrices ayant moins de 800 fr. de traitement.

En 1885 il y en a 30.000.

En 1879, il y avait 177.888 instituteurs ou institutrices ayant de 800 à 1.000 fr. de traitement.

Il y en a 21.000 en 1885.

D'autre part, la politique s'est introduite dans les hautes sphères de l'instruction publique ; elle s'est emparée de ses conseils. L'Université a envahi le Parlement ; les professeurs abondent sur les bancs des deux Chambres, et ceux-ci ne s'oublient point ni n'oublient leurs collègues.

Dans le budget de l'instruction publique tous les chapitres relatifs au personnel et à l'administration progressent sans que l'on puisse trouver l'ombre d'un motif à cet accroissement.

Le chapitre Ier (traitement du Ministre et du personnel de l'administration centrale) s'est élevé de 599.236 à 794.000. Le chapitre IV (services généraux) de 268.672 à 400.000. Le chapitre V (administration académique) de 1.183.636 à 1.919.050.

Le jour où le Parlement exercera un contrôle sérieux, s'il le fait jamais, on sera surpris, Monsieur le Ministre, de voir ce que recèle de sinécures le ministère de l'instruction publique.

J'en dirai tout autant de l'administration des Beaux-Arts, dont le total des dépenses s'est élevé de 2.200.000 depuis 1876. Les dépenses de cette administration se sont accrues d'un tiers; des sinécures sans nombre y ont été créées sous forme d'inspection ; le crédit des traitements destinés aux inspecteurs a été plus que doublé, ainsi que le montant de leurs frais de missions.

Au ministère du commerce, l'accroissement des dépenses est énorme.

En 1875, quand les services du commerce ne ressortissaient que d'une simple direction, ils se contentaient d'une dotation de 6 millions. Depuis qu'ils constituent un ministère, 22 millions ne leur suffisent plus. Et l'on a augmenté de 547.950 fr. les allocations du personnel de l'administration centrale.

Un petit ministère, qui, lui aussi, marche bien dans la voie des accroissements de dépenses, c'est celui de l'agriculture. Des renseignements fournis par le projet de budget de 1885, il résulte que dans ce ministère « le nombre des emplois supérieurs est en dehors de toute proportion avec celui des emplois inférieurs. Ainsi à l'article 2 on remarque 3 directeurs, 4 chefs de division, 14 chefs de bureau, 11 sous-chefs, soit au total 32 personnes qui commandent, alors que le nombre des employés inférieurs ne dépasse pas 55, soit 25 rédacteurs et 30 expéditionnaires. » Cette seule observation explique pourquoi les services de l'agriculture qui, en 1876, se contentaient d'une dotation de 11.818.573 fr., absorbent aujourd'hui 24.502.990 fr. Tous les chapitres sont en augmentation ; on multiplie les professeurs, les inspecteurs et surtout les commis, et les inspections ne sont que des sinécures.

De même en est-il au ministère des travaux publics. Ce ministère, dont le budget extraordinaire a si fortement accru les charges publiques en ces dernières années, ne se fait pas faute de les accroître encore par l'accroissement de ses dépenses d'administration. Quelques indications suffisent à le montrer. Ainsi le chapitre VII du budget de ce ministère qui s'élevait à 193.300 fr. en 1876, atteint aujourd'hui 456.000 fr., c'est-à-dire qu'il a plus que doublé. Le nombre des gardes-mines a été porté de 80 à 120. Les chapitres concernant le personnel de l'administration centrale et les ingénieurs des ponts et chaussées se sont développés d'une façon considérable.

Dans le rapide exposé que je viens de faire des aggravations des dépenses apportées, de 1876 à 1885, dans les dépenses des différents ministères j'ai omis de parler, Monsieur le Ministre, et du ministère de la guerre et du ministère de la marine et aussi du service des cultes.

Je l'ai fait à dessein.

Il y aurait beaucoup à critiquer sans doute, dans certaines dépenses du ministère de la guerre, comme du ministère de la marine, en tant que ces dépenses résultent d'un accroissement du personnel ou des frais de l'administration proprement dite.

Mais j'estime que tout ce qui tient à l'armée et à la marine touche de trop près à l'honneur et à la sécurité du pays pour qu'il soit toujours possible d'en critiquer les abus avec la délicatesse et le tact voulus, et qu'il vaut mieux cacher ces abus que de les dénoncer au prix d'une maladresse possible, dont nos ennemis seraient les premiers à se gaudir.

Quant au budget des cultes, je n'en ai pas parlé, parce que c'est le seul, vous le savez bien, sur lequel, à l'encontre de tous les autres, ministres, sénateurs et députés ont su rogner et à belles dents depuis 1876.

Quatre-vingt-dix-huit millions deux cent soixante-neuf mille neuf cent quatre-vingts francs, telle est la somme, Monsieur le Premier Ministre, que coûte aux contribuables français, en plus de celle qu'ils payaient en 1876, l'honneur d'être administré par un gouvernement républicain opportuniste.

En moins de neuf années les gouvernements et les Chambres républicaines qui ont succédé à l'Assemblée nationale, ont augmenté les charges budgétaires de 100 millions, en chiffres ronds, pour le seul bénéfice de leurs protégés et amis.

Cette orgie de dépenses est née de la passion politique seule, de honteuses préoccupations électorales comme du plus profond dédain à l'endroit de la destruction des abus, de l'introduction d'aucune réforme, de l'amélioration d'aucun service.

« Je ne puis rien accepter, disait Littré, auquel on » offrait une place ; en ce moment ce sont mes idées » qui triomphent. » L'honnête républicain n'a pas fait école.

Vos coreligionnaires, Monsieur le Ministre, acceptent, eux, toutes les places que vous leur offrez ; ils envahissent celles qu'on ne leur offre pas, et cela ne leur suffit pas. Il faut que vous leur en créiez tous les jours de nouvelles.

Cent millions. Voilà, Monsieur le Ministre, ce que coûte au pays, et cela annuellement, le désintéressement tant vanté, l'austérité célèbre, le dévouement si généreux des républicains opportunistes.

En bonne vérité, ne trouvez-vous pas cela quelque peu fantastique?

V

GASPILLAGE

Je viens de vous exposer, Monsieur le Premier Ministre, combien étaient exagérées les augmentations de dépenses faites depuis 1876 au seul profit de fonctionnaires, inutiles le plus souvent, trop nombreux toujours et dont le travail ne nécessitait évidemment pas les accroissements apportés à leur rémunération.

Ces augmentations de dépenses, quelle qu'en soit l'exagération et le danger en l'état de nos finances, je ne vous en ferais pas un crime impardonnable, si elles n'étaient un témoignage du gaspillage des deniers publics que l'on trouve à tous les degrés et dans tous les actes de votre gouvernement.

De ce gaspillage chaque chapitre du budget en fournit une preuve.

***

Le chapitre XXV du budget du ministère de l'intérieur (indemnités viagères aux victimes du coup d'Etat du 2 décembre 1851) figure pour une somme de 8 millions au budget général.

Quelles sont les victimes intéressantes qui imposent une telle charge aux contribuables?

Les renseignements suivants, me semblent de nature à bien vous éclairer sur ce point :

Dans l'Ain, à l'époque du 2 décembre 1851, une bande se forma à Saint-Marcel. En tête marchaient Rivoire, garde de la commune, Juenet, Prost et Bouchard.

Ils figurent tous les quatre parmi les victimes du 2 Décembre indemnisés d'une rente viagère: Rivoire pour une pension de 600 fr., Juenet pour une pension de 1.100 francs, Prost pour une pension de 400 fr. et Bouchard pour une pension de 1.000 fr.

Or, le premier exploit de la bande qu'ils formèrent en 1851 fut d'enfoncer avec une barre de fer la porte d'un sieur Durand et de s'emparer de 300 fr. trouvés dans une armoire de cet individu. Le second fut d'arrêter et de piller la malle-poste de Mulhouse.

Une autre bande se forma à la même époque à Villars. On y remarquait Abel, pensionné de 800 fr. ; Berthier, pensionné de 400 fr., et Bernet, pensionné de 300 fr. Cette bande commença par se saisir de l'adjoint Donaty et l'enferma comme otage, puis, sur sa route, elle pilla les fermes, maltraita les femmes, enfin elle tenta d'assassiner trois gendarmes avant de se disperser.

Sur un autre point du même département de l'Ain, on arrêta le courrier qui apportait les dépêches à Belley, et comme il hésitait à se laisser fouiller, un sieur Granjean le gratifia d'un coup de baïonnette dans le ventre.

Cette belle action rapporte au sieur Granjean 800 fr. par an comme victime du coup d'Etat.

Dans la liste des victimes de Décembre pensionnées par l'Etat et appartenant au Puy-de-Dôme, on découvre, après une recherche attentive, une pension conférée à Joséphine-Louise Fourès, veuve Millière. La veuve Millière est âgée de 48 ans, elle avait 17 ans au moment du coup d'Etat; elle n'est pas mentionnée parmi les filles des victimes; en outre elle est institutrice à Paris. En cette qualité elle jouit d'un traitement et n'a pas besoin de secours. Quel est donc le titre de Joséphine Faurès à la pension qui lui est faite comme victime du coup d'Etat? Son titre c'est d'être la veuve de Millière fusillé en mai 1871 sur les marches du Panthéon, de Millière membre de la Commune et ayant pris une part active aux crimes les plus odieux.

Le nom de la veuve Millière se rencontre d'ailleurs sur la liste des nouveaux pensionnés de l'Etat avec ceux de plusieurs autres membres de la Commune, Miot, Cournet et Vésinier.

Il y a des pensions obtenues à peu de frais parmi celles des victimes du 2 Décembre.

Un brave homme très poltron s'est, au 2 Décembre, réfugié chez son voisin. Personne n'a songé à l'inquiéter. Eh bien, sa veuve a obtenu 600 fr. de pension.

Le cas est drôle, n'est-ce pas. Ce n'est pas le plus curieux.

Pourquoi M. Pierre-Vincent Ramgheard, demeurant à Paris-Batignolles, et âgé de 31 ans, figure-t-il parmi les victimes pensionnées? Il n'était pas né à l'époque du 2 Décembre et le *Bulletin des lois*, qui a inscrit dans une colonne, à côté du nom des enfants des victimes, la mention fils ou fille d'un tel décédé, ne mentionne pas Ramgheard parmi les descendants d'un condamné ou d'un proscrit.

Quels sont les titres de Noémie Guibert, femme Forest que l'Empire aurait persécutée à l'âge de 10 ans; ceux de Salems, ajusteur, âgé de 45 ans, ceux de Marie Terrasse, veuve Bugnet (42 ans), du sieur Paillard (38 ans), du sieur Wuillermoz (28 ans), de la femme Simon (36 ans), du sieur Alba (40 ans), du sieur Capler (38 ans), de Marie-Nicaise Desmarais, femme Perscillier (44 ans), de Marie-Ernestine Gay, femme Besson (30 ans), de Maria-Elisa Gardet, femme Fouillaux (46 ans), d'Adèle Malone, femme Thomas (38 ans), de Marie Peraud, femme Tournebise (34 ans), de Marie-Anne Vincent, veuve Madeleine (37 ans), de Clotilde Daujan (23 ans), de Louise Gautheron, femme Rougelet (44 ans), de Françoise Bouchet, veuve Terrier (41 ans), d'Anne Benoist, veuve Lepeau (41 ans), d'Adèle Sandoz, veuve Laurette (36 ans), d'Auguste-Martin Wampach (39 ans), de Louise-Sophie Lecoq, veuve Deslandes (45 ans), du sieur Labis, commissaire de police à Pau, qui est doté d'une rente de 600 fr., du sieur de Langantier, sous-préfet de Quimperlé (33 ans), pourvu d'une pension de 400 fr. ?

Pour beaucoup de personnes, ayant déjà reçu une indemnité en nature, la pension allouée fait double emploi.

Pourquoi M. Trouessart, nommé juge de paix à Cholet, comme victime de l'Empire, a-t-il droit à une rente de 900 fr., M. Cazin, juge de paix à Pelussin, à une rente de 400 fr., M. Valette, juge de paix à Luchon, à une rente de 400 fr., M. Nugues, juge de paix à Solesme, à une rente de 400 fr., M. Passanna, conseiller de préfecture à Oran, à une rente de 800 fr. M. Mire, commissaire de police, à une rente de 1.000 fr.? Pourquoi M. Dubruel, consul général; M. Dauzon, inspecteur général au ministère de l'intérieur; Lamarque, sous-préfet à Condom; Arade, commissaire de police à Dax; Benos, commissaire de police à Caussade; Breuils, commissaire de police à Saint-Laurent; Laperrine, juge de paix à Buzançais; Linard, juge de paix à Moissac; Gimet, juge de paix à Orléansville; Laporte, juge de paix à Lisle-Jourdain ont-ils obtenu des pensions? Pourquoi M. Triolet ou Friolet, commissaire de police à Orléansville, a-t-il obtenu une pension de 800 francs comme victime et une seconde pension de 100 fr. comme fils de victime?

Pourquoi 220 autres entreposeurs de tabac, percepteurs, buralistes, etc., trop nombreux pour être tous cités, cumulent-ils, avec la rente viagère, la sinécure que leur a valu la persécution réelle ou supposée dont ils se disent victimes.

Oui certes, il y eut des victimes, de vraies victimes au 2 Décembre.

Dans l'un des départements du centre, un républicain honnête et paisible vivait mal avec sa femme, créature rebutante, et songeait à se séparer. Le coup d'Etat survint et la femme manœuvra si habilement que son mari, qui n'avait point bougé, fut arrêté et transporté à Lambessa où il mourut. Ces faits, rapportés par le *Courrier du Berry*, sont connus de toute la contrée. Voilà bien une victime.

Mais qui a recueilli le bénéfice de la persécution?

La femme, la dénonciatrice. Elle a une pension de 1.000 fr.

Loyalement et simplement, que pensez-vous de tout cela, Monsieur le Premier Ministre?

Lorsque les Chambres décidèrent d'accorder une pension aux victimes du coup d'Etat, tout le monde s'imaginait que les députés s'abstiendraient, par pudeur, de se laisser inscrire sur la liste des nouveaux pensionnaires.

Eh bien, il n'en a rien été.

La liste des pensionnés, comme victimes du coup d'Etat, comprend à la fois des députés et des sénateurs : MM. Lelièvre, Pornel, Germain, Vallier, Monnier, sénateurs; MM. Burignier, Martin Nadaud, Duportal, Armand Caduc, Achard, députés.

Ceux qui n'ont pas pris ouvertement leur part de l'indemnité en ont fait bénéficier leur famille.

Une pension de 1.200 fr., c'est-à-dire la pension maxima, est allouée à un frère de M. Spuller, ancien sous-secrétaire d'Etat et député. Ce frère de M. Spuller était trop jeune au moment du coup d'Etat pour avoir pu s'attirer les persécutions de l'Empire. A quel titre donc lui est accordée cette rente viagère de 1.200 fr. (1)?

Les plus scrupuleux se sont contentés de faire porter sur les listes leurs principaux électeurs.

En vérité, en vérité, je vous le dis, Monsieur le Ministre, tout cela constitue un acte de gaspillage honteux, de gaspillage sans nom !

N'est-il pas honteux, en effet, de lire sur le grand-livre de la dette viagère les noms de ces prétendues victimes du coup d'Etat, nées à peine à l'époque où il eut lieu, les noms de centaines de fonctionnaires déjà pourvus de grosses prébendes, les noms de députés et de sénateurs qui déclament tous les jours contre les abus des anciens régimes monarchiques; les noms des parents, amis et courtiers électoraux de ces sénateurs et députés; les noms enfin de voleurs et d'assassins vulgaires, inscrits pour une sorte de récompense nationale sur ces mêmes registres où figuraient seuls jusqu'ici les noms des serviteurs utiles et des défenseurs mutilés du pays ?

Dans son projet de réforme de la magistrature, M. le garde des sceaux affirmait que cette réforme n'amènerait aucune aggravation des dépenses budgétaires.

Dans son projet de budget pour l'exercice 1885, M. le Ministre des finances évalue à 5 millions l'excédent des dépenses annuelles résultant de cette réforme.

Eh bien, Monsieur le Ministre, je déclare que cette augmentation de dépenses constitue un acte de gaspillage et de gaspillage honteux.

L'ancienne magistrature, celle d'avant M. Martin-Feuillée, jouissait, vous le savez, de la considération universelle.

Or, que sont les nouveaux magistrats de M. Feuillée ?

Le Ministre de la justice avait dit pour enlever le vote de sa loi de réforme : « Pas d'intrus, j'en prends l'engage-

(1) *Les Finances de la République*, de M. Le Trésor de La Rocque.

ment; tous les éliminés sont remplacés par des magistrats anciens.»

Anciens! M. le Ministre aurait dû s'expliquer.

Pour lui, en effet, un magistrat ancien, c'est paraît-il, un magistrat qui a, suivant les cas, trois années, quelques mois, quelques jours de service.

En trois décrets il a nommé 368 magistrats ayant cette ancienneté.

M. le garde des sceaux avait pris un autre engagement devant le pays.

Sur les 614 sièges supprimés par sa loi de réforme, 383 appartenaient à des magistrats inamovibles, et 231 à des magistrats amovibles. Il avait promis de choisir pour les éliminations les moins capables.

Parmi les amovibles de création récente et de mince savoir, le choix eût été facile.

Ce n'est pas parmi ceux-là que M. Martin-Feuillée a choisi les éliminés.

C'est parmi eux qu'il a choisi ses nouveaux élus.

Oyez plutôt quelques-uns des choix de M. votre collègue.

Il y a quelque temps un avocat allait à Montpellier pour y plaider une cause importante. Après l'audience, il s'étonnait que l'avocat général n'eût pas pris la parole. Mais, lui répondit-on, il ne la prend jamais. Et pourquoi? demanda-t-il. Oh! pour cause : une fois le pauvre homme avait essayé de conclure; en quelle langue, en quels termes le fit-il? Dieu le sait; mais les échos du Palais retentissent encore des éclats de rire de l'auditoire qui l'écoutait. Depuis cela il ne prenait plus la parole.

Que voulez-vous, Monsieur le Ministre, M. le garde des sceaux l'avait pris chez un huissier, simple clerc; il rédigeait convenablement un exploit, mais c'était tout.

M. Martin-Feuillée l'a soigneusement gardé dans les rangs de sa nouvelle magistrature, ce clerc d'huissier.

Beaucoup de ses élus ne valent d'ailleurs pas mieux.

En voici dont le cas est bien net :

M. Ducasse, avoué à Orthez et titulaire d'une étude sans clients, hantait la brasserie plus que le tribunal; un beau-frère influent le fit juge à Grenoble en 1870, puis vice-président du tribunal.

M. Martin-Feuillée l'a nommé juge à Bordeaux.

Quels étaient ses titres?

La protection de son beau-frère, rédacteur d'un journal favori, et sa célébrité au café Cartier, à Grenoble; les passants, les touristes, les flâneurs s'arrêtaient pour admirer ce gros homme dont le peuple disait: «Il boit toujours sans se remplir jamais.»

M. Juest de Mire était encore avoué le 29 août 1883. Ce jour-là, M. Martin-Feuillée s'aperçut qu'à Coutances une place vaquait; il y nomma aussitôt l'ami Juest, un camarade du bon temps. Trois jours après la place était supprimée; mais ces trois jours avaient suffi à l'ancien avoué pour mériter la présidence du tribunal de Lorient.

Ce que peuvent trois jours bien employés, Monsieur le Ministre!

M. Joannon-Navier, autre avoué, avait vendu son étude pour devenir marchand de bois; ce commerce ne prospéra pas. M. Martin-Feuillée, qui n'a pas de préjugés, a fait coup sur coup de M. Joannon-Navier un juge de paix, un procureur de la République, puis un président à Gex.

M. Lorans, également avoué, fut nommé juge à Lisieux le 19 août 1883. Il a siégé à Lisieux autant que l'ami Juest à Coutances; c'est ainsi qu'il a mérité la présidence de Quimperlé. Il est juste de dire qu'à défaut d'antécédents dans la carrière, il pouvait invoquer ses campagnes comme agent électoral au service de M. Corentin-Guyho, candidat officiel, aujourd'hui député.

M. Dupré-Carra, autre avoué encore, vendit son étude en 1881. En deux années il est devenu procureur de la République et président de tribunal.

Que d'avoués, Monsieur le Ministre, parmi les nouveaux magistrats de M. Martin-Feuillée!

On en compte quarante, et pas des meilleurs ni des plus estimés.

Quelques-uns de ces *anciens avoués* avaient été contraints de vendre leurs charges et de se retirer.

Et dire que ce ne sont pas les plus mauvais choix de M. Feuillée!

Les avoués savent au moins la procédure.

Mais que savait M. Lucas, nommé d'emblée procureur à Mortagne, le 7 novembre 1880, et récemment promu conseiller à la cour de Caen?

Son seul titre était d'avoir forcé la porte d'un couvent.

Jadis la moindre présidence du plus petit tribunal exigeait de lentes études, un long stage dans les grades inférieurs.

Aujourd'hui les degrés de la hiérarchie judiciaire sont escaladés par des débutants avec une agilité surprenante.

Dans une première liste, celle du 23 septembre 1883, on compte cinquante-huit présidents improvisés ; dans une autre, celle du 6 octobre, cent cinq juges nommés d'emblée ou sans un stage sérieux; dans une troisième, celle du 23 octobre, figurent deux cents magistrats du parquet, juges ou présidents, tous novices (1).

Et M. Martin-Feuillée trouve tous ces mouvements judiciaires bons et normaux.

Sur six cent quatorze sièges de magistrats supprimés par sa loi de réforme, il n'a destitué que des inamovibles, soit six cent onze; il a soigneusement conservé ses magistrats amovibles. Bien plus, il en a introduit deux cent vingt dans les rangs de la magistrature assise.

En même temps il chassait de leurs sièges, qui n'étaient pourtant pas supprimés par la loi, dix premiers présidents sur vingt-sept.

A Paris, où la loi, loin de diminuer le personnel de la magistrature, l'augmente, vingt magistrats ont disparu, et parmi eux les plus capables, les plus estimés.

Et à quels signes M. Martin-Feuillée a-t-il distingué ceux dont il convenait qu'il fît ces victimes?

Hélas! vous le savez mieux que personne, Monsieur le premier Ministre, en tout ceci le délateur a joué le rôle prépondérant. Ce vil personnage auquel vous avez tout livré depuis que vous êtes au pouvoir, il a joui pendant six mois de ses grandes et petites entrées dans les bureaux de M. le garde des sceaux.

Rapprochez des élus de M. le Ministre de la justice les noms de ceux qu'il a révoqués, vous verrez que le siège dont le délateur a précipité la victime a été souvent le prix de sa dénonciation.

Ici, c'est un président de tribunal remplacé par le procureur de la République, qui, après l'avoir desservi, est

(1) *Les Finances de la République*, de M. Le Trésor de La Rocque.

parvenu à le supplanter; là, c'est un conseiller nouvellement promu qui succède au président espionné, dénoncé par lui.

A la cour de Paris, on s'étonna de voir frapper la plupart des conseillers appartenant à la troisième chambre, tandis que leurs collègues des autres chambres étaient relativement épargnés.

Cela s'est expliqué. Ces conseillers avaient auprès d'eux un magistrat nouveau, ex-avocat obscur d'un barreau de province, mais sénateur. Le jour où ce sénateur vota la loi de M. Feuillée, ses collègues de la cour lui tournèrent le dos. Ce geste les perdit; quatre d'entre eux sont restés sur le carreau.

A Tarascon, les décrets ont fait table rase; on compte un président et deux juges révoqués.

Antérieurement aux décrets de réforme le tribunal de Tarascon avait condamné pour fraude électorale avérée les adversaires du candidat conservateur.

C'est sans doute pour que pareil fait ne se reproduise pas que M. Feuillée a nommé président du tribunal de Tarascon le beau-frère du maire de la ville. Ce maire était le chef du parti opposé au candidat conservateur.

Parmi les magistrats selon le cœur de M. Feuillée, faut-il citer MM. Dormand, Jorel, Montluc, Baduel, Bonabaud?

M. Dormand, procureur de la République à Marseille, traversa en peu d'années beaucoup de résidences et beaucoup d'opinions. A Nîmes, la presse radicale le traitait en suspect. Elle changea d'avis lorsqu'il se fut allié à la mairie afin de spolier de pauvres religieuses. M. Dormand soutint sa cause avec acharnement et la porta en première instance, en appel, en cassation. Il fut battu partout. Mais cela ne pouvait nuire qu'aux contribuables, appelés à payer les frais. M. Dormand s'était d'ailleurs mis au service du préfet, et, celui-ci ayant voué une haine féroce à certain cercle, il sut trouver un prétexte pour fermer ce cercle.

M. Dormand a été récompensé par un poste de choix.

M. Jorel, président à la cour de Douai, a conquis les faveurs de M. Feuillée par un arrêt fameux, en date du

6 décembre 1880. Cet arrêt met, sans ambages, notre liberté à la merci des préfets.

Quant à M. de Montluc, conseiller à Angers, voici comment il l'est devenu :

Tandis qu'il était avocat, il devint le défenseur du célèbre Ferrand, l'ami de M. Gambetta, condamné pour détournements à la prison, à la restitution et à d'énormes amendes.

Lorsqu'il devint puissant, Gambetta n'oublia pas le défenseur de son ami. M. de Montluc fut fait préfet.

Survinrent les décrets contre les religieux. Pendant qu'en sa qualité de préfet, M. de Montluc expulsait quelques moines, une femme cria : « Vive la liberté ! » Ce cri parut séditieux au préfet Montluc. Il se jeta sur la femme qui l'avait proféré et l'aurait maltraitée, si le mari, intervenant, ne l'avait tancé d'importance. A partir de ce jour, M. de Montluc perdit le peu de tête qu'il avait ; il expulsa les frères de Lambezelles d'une maison qui leur appartenait, il expulsa l'huissier porteur de l'ordonnance de référé obtenue par les frères ; dans sa manie, il aurait expulsé tout le monde.

A la fin, tant de zèle parut gênant. M. de Montluc fut mis en disponibilité.

M. Martin-Feuillée l'a nommé conseiller à Angers.

M. Baduel a brillé dans une sphère plus humble. Avocat à Saint-Flour, il ne plaidait jamais, lorsqu'un jour d'élections, il s'avisa de prendre en mains la cause de l'un des candidats. La lutte fut vive. M. Baduel s'y épargna si peu que, traduit en police correctionnelle, tout d'une voix, il fut condamné pour injures publiques. Mais le candidat qu'il soutenait fut élu et lui-même, nommé juge, vint siéger à côté des magistrats qui l'avaient puni.

A l'élection suivante, il eut moins de succès. Son candidat fut battu, et le nouveau député, le terrible Amagat, de Saint-Flour, l'interpella ainsi dans la *République libérale* :

« Vous avez été agent électoral dans les cafés, dans les » cabarets et jusque dans la rue. Vous avez menacé des » justiciables. Je vous ai accusé publiquement, vous » n'avez pas protesté. Osez donc protester. Juge Baduel, » je vous ai reproché d'avoir manqué à vos devoirs de » juge. Osez donc m'assigner devant la cour d'assises. Je » m'engage à faire la preuve des faits allégués. »

De ce courtier électoral, honni dans la contrée, de ce juge à casier judiciaire, M. Martin-Feuillée a fait un président de tribunal.

Pour le sieur Bonabaud, il était clerc d'avoué et fut successivement le plastron de deux villes.

A Nevers, Bonabaud accueillait les clients avec des mots grossiers. Mal lui en prit un jour : un client se fâcha et paya le gros mot d'un soufflet. Bonabaud voulut se venger en faisant courir des bruits injurieux sur le compte de celui qui l'avait corrigé. Le client compléta d'un nouveau soufflet en pleine rue sa correction première. Outré de la publicité donnée à son affront, Bonabaud porta plainte. Mais sa réputation était faite. La provocation fut établie et le client ne fut condamné qu'à une simple amende.

Affublé d'un grotesque surnom et voué à la risée publique à la suite de cette aventure, Bonabaud quitta Nevers. Il acheta une étude à Moulins.

Cependant, par une fortune heureuse, Bonabaud était l'oncle du célèbre député Girerd.

Son étude de Moulins végétant, il la troqua, grâce à son puissant neveu, contre la vice-présidence du tribunal de Nevers.

Bonabaud rentra dans cette ville, témoin de ses mésaventures d'antan, triomphant et désireux de faire expier au monde judiciaire ses avanies passées.

Or, un jour qu'un avocat consultait son dossier, pendant que le vice-président Bonabaud parlait à son voisin au cours de l'audience : « Croyez-vous donc que quand je parle je p... dans un violon pour faire de la musique », s'exclama contre l'avocat l'illustre Bonabaud.

Mon oncle s'est rendu impossible à Nevers, dit tristement M. Girerd à son ami M. Feuillée, en lui narrant l'incatarde.

M. Feuillée comprit. Le sieur Bonabaud a remplacé à Bourges un conseiller vieilli dans ses fonctions, honoré au Palais et à la ville et révoqué uniquement pour lui faire place (1).

Surcharger le budget d'une dépense annuelle de 5 millions pour remplacer l'ancienne magistrature, honorée et

(1) *Les Finances de la République,* de M. Le Trésor de La Rocque.

respectée de tous, par des magistrats comme les Bonabaud, Montluc, Jorel et autres élus de M. Martin-Feuillée, n'est-ce pas du gaspillage, Monsieur le Premier Ministre, et du gaspillage honteux ?

***

Passons à un autre sujet.

Et venons à voir non plus le gaspillage de quelques maigres millions, mais de centaines et de centaines de millions.

Pour beaucoup de républicains, la France date seulement de 1789. Pour beaucoup d'ingénieurs, c'est seulement en 1878 qu'a été inauguré un système de travaux publics digne de la science et de la civilisation modernes.

Quand on étudie avec quelque soin, et sans parti pris, l'histoire des travaux publics en France, on s'aperçoit facilement que l'opinion de ceux qui ne veulent admettre un plan sérieux et grandiose dans leur entreprise que depuis 1878 n'est pas fondée.

L'Empire, par exemple, n'a jamais passé pour avoir négligé les grandes entreprises de travaux publics. C'est un reproche que ne lui ont jamais fait ses plus violents adversaires. Et les gouvernements qui l'avaient précédé ne les avaient pas négligés non plus.

L'apparition des chemins de fer a donné, il y a quarante ans, le signal d'un mouvement dans les travaux publics qui ne s'est jamais ralenti depuis, mais constamment s'est développé à mesure qu'une nouvelle découverte apparaissait pour lui donner impulsion.

L'Assemblée nationale, élue après la néfaste guerre de 1870-71, malgré les embarras financiers qui l'entravaient, dota convenablement le service des travaux publics.

Le budget de 1875 réservait à ce service 193 millions et celui de 1876 plus de 200 millions.

En plus, l'État faisait exécuter dans les ports des améliorations dont la dépense, s'élevant à 78 millions, était faite au moyen d'avances procurées par les Chambres de commerce ou les villes intéressées, sous condition qu'elle leur serait remboursée par annuités inscrites au grand-livre de la dette publique.

D'autre part, les grandes compagnies de chemins de fer complétaient le réseau de nos voies ferrées par des travaux exécutés pour le compte de l'État, et dont la dépense devait également leur être remboursée par annuités.

En ajoutant 100 ou 200 millions au budget annuel des travaux publics et en continuant le système du concours des chambres de commerce, des grandes compagnies de chemins de fer et des villes intéressées avec garantie à elles données du remboursement de leurs avances par annuités inscrites au grand livre de la dette publique, le gouvernement aurait, en vingt années, terminé le réseau des chemins de fer, agrandi les ports, amélioré la navigation de nos rivières et creusé les canaux réclamés par les besoins de l'agriculture et du commerce.

M. de Freycinet, le grand ingénieur de la troisième République, a jugé que les choses ne pouvaient aller ainsi.

Il a voulu faire mieux.

Et, par son fameux programme, il a entraîné le pays dans des dépenses dont l'ensemble doit atteindre près de 11 milliards.

Voilà ce qui est exact.

***

Je n'ai pas l'intention, Monsieur le Premier Ministre, de critiquer ici point par point le programme de M. de Freycinet. Aussi bien, l'expérience qui en a été faite a devancé les critiques que j'en pourrais faire, en le montrant impraticable par la brutale réalité des faits.

Je veux simplement vous indiquer comment, dans ce qui a été exécuté jusqu'à ce jour, en conformité de ce fameux programme, on en est arrivé à gaspiller d'une façon odieuse les finances publiques.

Et d'abord en ce qui concerne les nouveaux travaux entrepris.

Au lieu de se concentrer sur quelques points et de mener rapidement et à bonne fin les travaux entrepris sur ces points, on s'est éparpillé et dispersé partout à la fois, sans rien achever.

On a commencé à la fois 114 lignes de chemins de fer;

des chantiers ont été installés en même temps sur 5.596 kilomètres.

Résultat : la construction a marché lentement et la dépense s'est accrue d'une façon démesurée.

Tout cela est tellement ridicule qu'on ne saurait l'imputer aux ingénieurs.

Chaque candidat, chaque député a voulu montrer aux électeurs de sa circonscription une ligne commencée.

Autrefois, les républicains accusaient l'Empire de soutenir ses candidats officiels en installant dans les circonscriptions retirées, des baguettes et des poteaux qui figuraient un tracé et disparaissaient le lendemain de l'élection.

Cela ne coûtait que quelques millions.

Ce qu'ont fait les républicains a coûté des centaines de millions.

Ils ont fait exécuter de vrais tracés, installer de vrais chantiers, creuser de vrais déblais, construire de vrais remblais.

Et les chemins promis aux électeurs ne leur ont pas été livrés plus tôt qu'ils ne le leur étaient sous l'Empire.

Sur ce point M. Lesguillier, ancien directeur des chemins de fer de l'Etat, mieux placé par conséquent pour donner son avis en la matière que ne saurait l'être aucun autre, et juge d'autant plus impartial à entendre qu'il est un des affiliés de la République opportuniste, s'exprime ainsi :

« En dressant ses projets de lignes à construire, M. de Freycinet avait eu l'habileté de se créer une majorité dévouée de députés à qui il avait apporté tous les chemins qu'ils demandaient pour leurs arrondissements respectifs. »

Faudrait-il, Monsieur le Ministre, vous énumérer les chemins de fer entrepris en vue des préoccupations électorales ? Ce serait long.

Au début, on les désignait non par les noms des localités où ils devaient aboutir, mais par les noms des personnages dont ils devaient servir les intérêts.

Tel député avait cinq lignes, tel autre trois, tel autre deux.

Et de ces lignes les unes devaient desservir des contrées pauvres, sans élément pour le trafic ; les autres des localités peu importantes,

***

Le rachat des lignes des chemins de fer, opéré en suite des données du programme Freycinet, a coûté gros, lui aussi.

Les lignes rachetées en 1878 ont coûté à l'Etat d'abord 270 millions, prix de rachat, suivant les comptes arrêtés par la commission arbitrale, ensuite 233.957.427 fr. pour les travaux à faire sur ces lignes, enfin 50 millions de crédits supplémentaires.

Les propositions n'ont pas manqué à l'Etat pour les lignes à racheter par lui.

Mais tout naturellement ces propositions ne sont pas venues des compagnies prospères.

Et l'intérêt des députés et de leurs amis a joué un très grand rôle dans le choix des lignes qui ont été rachetées.

Quelques exemples.

M. Jenty, député, et l'un des propriétaires de la *France* et du *Petit Journal*, était un des gros intéressés des chemins de Vendée, qui ont été rachetés six fois au prix de leur valeur.

Dans une de leurs dernières sessions, les Chambres ont voté un projet de loi approuvant le rachat, au prix de *trois millions* du chemin de fer de Bonson à Saint-Bonnet-le-Château (Loire). Ce chemin de fer avait été mis en adjudication, il y a quelques années, à la suite de la déconfiture de la compagnie concessionnaire et acquis par l'adjudicataire au prix de 30.050 fr. La vente comprenait les terrains, gares, hangars, rails, locomotives, wagons et matériel d'exploitation.

Le rachat de ce tronçon de 27 kilomètres, adjugé autrefois 30.000 fr., au prix de 3 millions, n'est-il pas plutôt une dotation accordée à des amis et frères qu'un véritable rachat ?

Et le chemin d'Alais au Rhône !

Vous connaissez, Monsieur le Ministre, les conditions de l'arrangement intervenu entre la compagnie d'Alais au Rhône et M. le Ministre des travaux publics.

Qu'était cette compagnie à l'époque de cet arrangement? Une de ces sociétés dont l'objet exclusif était d'enrichir les fondateurs.

Les fondateurs d'Alais au Rhône émirent d'abord 2.300 actions, puis 40.500 obligations qui furent cotées à la Bourse, puis 2.500 autres obligations qui n'y furent pas cotées et qui sont restées dans quelques portefeuilles... de fondateurs, dit-on.

Tous ces titres avaient subi une dépréciation continue et qui paraissait légitime, les journaux ayant signalé des malfaçons inouïes et des gaspillages insensés dans la conduite de l'entreprise.

Les actions étaient descendues à 30 fr. et les obligations ne dépassaient pas le prix de 100 fr. quand intervint l'arrangement entre le Ministre des travaux publics et les fondateurs d'Alais au Rhône.

D'après cette convention une garantie d'intérêt devait être accordée par l'Etat aux obligations des chemins d'Alais au Rhône.

Substituer au cours de 100 fr., cours auquel étaient tombées ces obligations, le cours de 365 fr. et faire gagner à leurs porteurs un bénéfice de 265 fr. par titre, tel devait être le résultat de cette convention.

Le cadeau fait par le gouvernement à la compagnie d'Alais au Rhône s'élevait annuellement à 200.000 fr. pour couvrir les insuffisances d'exploitation et de 1.200.000 francs pour garantir les obligations émises.

Qui donc devait recueillir les profits de ces libéralités?

Etait-ce M. Cazot, l'ancien grand maître de la magistrature française, l'un des fondateurs de la compagnie d'Alais au Rhône, récemment entraîné par sa chute?

Etait-ce par camaraderie pour ce haut personnage, ou parce qu'il avait eu l'art de le séduire et de l'aveugler que le gouvernement avait proposé et signé l'arrangement en question?

***

« Le programme des travaux ne serait pas complet si » le gouvernement ne s'était pas préoccupé de développer » une branche de la richesse publique qu'on a trop né- » gligée à certaines époques. Je veux parler de l'aménage- » ment des eaux...: l'irrigation, le desséchement des

» terres humides, le colmatage, l'alimentation des villes » en eaux potables, l'emploi des eaux d'égouts des » centres populeux, ne sauraient sans dommage être né- » gligés. »

Ainsi s'exprimait M. de Freycinet dans son fameux rapport de 1878.

Depuis il a été dépensé 700 millions de francs pour les canaux, 150 millions de francs pour les rivières, 300 millions de francs pour les ports maritimes.

M. Lesguillier, l'ingénieur républicain opportuniste dont je vous ai parlé plus haut, ne trouve pas mieux conçue la partie du programme Freycinet relative aux ports et aux canaux qu'il n'a trouvé bien conçue celle relative aux voies ferrées.

« Les travaux, dit-il, ont été éparpillés pour satisfaire » à des intérêts de clocher; les bénéfices qu'ils procure- » ront seront presque nuls et ne couvriront pas les inté- » rêts des emprunts contractés. Certain canal de l'Est a » été entrepris pour amener de la houille à une localité » industrielle déjà desservie par un chemin de fer. Rendue » aux usines la houille coûte aujourd'hui 25 fr. par tonne. » Or, l'intérêt de la dépense d'établissement du canal ré- » parti sur la consommation atteindra 28 fr. par tonne. » Il en résulte que si, au lieu de construire le canal, l'Etat » achetait la houille sur le carreau de la mine, payait son » transport par le chemin de fer établi et la livrait » gratuitement aux usiniers, il gagnerait encore 3 fr. par » tonne. »

M. Lesguillier ajoute: « Quelques petits canaux sans » utilité réelle, donnant une satisfaction apparente à des » appétits locaux, beaucoup de millions éparpillés dans » de petits ports, tandis que nos grands ports restent » dans l'abandon, tels sont les résultats du programme » Freycinet. »

Agrandir les bassins du Havre et de Marseille, ne rien épargner pour améliorer Dunkerque et le mettre en état de lutter avec Anvers, le pays tout entier eût applaudi à de pareilles œuvres.

Au lieu des 300 millions dépensés cela n'en aurait coûté que 100.

Mais on a bien songé à cela.

On a préféré dépenser des millions dans les ports

moyens ou inférieurs qui n'abritent que des bateaux de pêche ou des bâtiments destinés au cabotage.

Sur la liste des travaux maritimes entrepris ou restaurés on trouve le Tréport, Paimpol, Saint-Brieuc, Port-en-Bessin, Saint-Malo, Saint-Servan, Saint-Valery-en-Caux, Dieppe, Fécamp, Honfleur, Ouistream, Cherbourg, Brest, Port-Tudy, les Sables, Pointe-de-l'Aiguillon, La Rochelle, Rochefort, Saint-Martin-de-Ré, La Perrotine, Royan, Pointe-de-Grave, Cap-Breton, Saint-Jean-de-Luz, Port-Vendres, Cette, Bône, La Ciotat, Nice, Menton, Bastiat, Iles-Rousses, etc., etc.

Seuls Marseille, le Havre et Dunkerque n'y figurent pour aucuns travaux importants.

L'histoire des travaux publics entrepris et conduits sur les données du programme Freycinet, c'est le vertige pris sur le fait.

Le vertige, avez-vous dit autrefois, Monsieur le Premier Ministre, dans la brochure célèbre à laquelle j'emprunte les meilleures pages de ce travail, c'est l'écueil des volontés solitaires et du pouvoir absolu.

Permettez-moi d'ajouter que c'est l'écueil des gouvernements et des majorités législatives qui font passer leurs intérêts électoraux avant toute et par-dessus toute autre préoccupation.

Et n'allez pas, pour excuser les gaspillages commis en ces dernières années à l'endroit des travaux publics, n'allez pas, dis-je, pour excuser ces gaspillages, tenter de les défendre en invoquant l'opinion publique.

Le vrai coupable, disent les officieux, je le sais bien, le vrai coupable en tout ceci, c'est l'opinion, le cri public, qui acclamait le programme de M. de Freycinet.

Je voudrais bien savoir, Monsieur le Ministre, comment s'est fait entendre ce cri public, et quel moyen on avait pris pour le recueillir. N'est-ce pas une ironie amère que des gens qui trompent l'opinion de toutes les façons possibles, comme vous le faites, imaginent de rendre l'opinion publique coupable de leurs fautes, responsable de leurs entraînements et cause de ce qu'ils ont tout sacrifié à leurs intérêts personnels?

En vérité, Monsieur le Ministre, si les auteurs du programme Freycinet avaient voulu sincèrement prêter l'oreille à l'opinion publique, ils auraient entendu sans grand effort le murmure qui s'élevait de toutes parts contre les inqualifiables folies de ce programme.

Et surtout ils n'auraient pas gaspillé dans son exécution à peine commencée la somme fantastique de plus d'un milliard de francs.

Mais venons-en, si vous le voulez, à des gaspillages qui pour être de moindre importance que ceux commis à l'occasion des grands travaux du programme Freycinet, n'en sont pas moins insensés, et pour lesquels, j'imagine, vous ne serez pas tenté d'invoquer la moindre excuse tirée du cri public, du respect de l'opinion publique, ni de l'obéissance due par un gouvernement parlementaire aux décisions de Chambres souveraines.

Une loi de 1871, émanant de l'Assemblée nationale, stipule les conditions à remplir pour qu'un fonctionnaire soit logé dans les bâtiments de l'Etat.

Or, voici ce qui s'est passé, il y a quatre ans environ, au ministère des finances, et comment cette loi y a été votée de la plus singulière façon.

Un sous-directeur du matériel fut nommé en 1880 sous le ministère de M. Magnin. A peine installé dans ces fonctions, ce sous-directeur vint trouver son ministre: « Monsieur le Ministre, lui dit-il, mettrait le comble à ses bontés pour moi s'il me rapprochait de sa personne et m'accordait un logement au ministère. — Logez-vous, mon ami, répondit M. Magnin. — C'est que, répondit timidement le sous-directeur du matériel, une loi rigoureuse interdit d'accorder aux employés des logements dans les bâtiments de l'Etat. — Quelle loi? — Une loi de 1871, émanée de l'Assemblée nationale. — Une loi de 1871, répliqua le ministre, une loi émanée de l'Assemblée nationale...? n'ayez aucun souci, mon ami. Prenez votre logement. »

Muni de l'autorisation ministérielle, le sous-directeur du matériel se fit approprier au Louvre, par l'architecte du ministère, un appartement composé de huit pièces et d'une cuisine, dans un local de choix, au-dessus du Ministre, sous prétexte d'être ainsi mieux à portée de la sonnette de Son Excellence.

L'architecte, qui n'était pas limité pour la dépense, se donna libre carrière et produisit un chef-d'œuvre : c'est ainsi qu'il appliqua, dans une salle d'hydrothérapie, les procédés les plus perfectionnés de la science moderne.

La dépense monta à une somme assez ronde et fut imputée sur les crédits du matériel.

Les travaux terminés, l'architecte guida son chef dans l'appartement restauré. Le couple fut ravi, Monsieur de la salle d'hydrothérapie, Madame du boudoir.

Que pouvons-nous pour vous, dirent-ils à l'architecte? Désirez-vous la croix ou bien d'autres faveurs? — Je borne mes vœux, répondit celui-ci, à ne pas me séparer de mon aimable chef. Vous avez là quelques bureaux qui ne servent pas à grand'chose. N'y aurait-il pas moyen...?

En dépit de la loi de 1871, l'architecte conquit son logement au Louvre : six pièces et une cuisine qui furent appropriées, peintes, ornées aux frais du ministère et sur les crédits du matériel.

Ce ne fut pas tout.

Le sous-directeur du matériel avait distingué un des pompiers qui passent la nuit dans le poste du ministère et résolut de l'attacher à son service.

Le pompier demeurait loin, il était marié.

Le sous-directeur leur donna logement : une pièce et une cuisine.

Le lendemain du jour où cela fut fait, le chef du matériel entendit sonner à sa porte, et un flot de pompiers se précipita dans son appartement.

C'étaient tous les pompiers du ministère.

Le logement que l'un d'eux avait obtenu, ils le demandaient tous.

Le chef du matériel fut embarrassé. Mais il ne pouvait refuser.

On invoqua les besoins du service, on fit évacuer d'autres bureaux, on les livra à l'architecte, et toute l'escouade des pompiers fut gentiment logée. Chacun deux belles pièces. Ils étaient nombreux : un sergent veilleur de nuit, un caporal veilleur de nuit, cinq sapeurs veilleurs de nuit, huit sapeurs mariés, en tout quinze sapeurs; une petite garnison.

Le lendemain, le chef du ministère eut une autre visite.

Ce fut celle des portiers du ministère.

Ces quatre portiers n'eurent pas de peine à démontrer que si l'administration logeait quelqu'un, elle devait *à fortiori* loger les portiers.

L'architecte s'ingénia, s'organisa, empiéta sur d'autres bureaux. Chacun des quatre portiers eut deux pièces et une cuisine.

Les jours suivants, ce fut une procession, tout le monde défila: le conservateur du mobilier, le surveillant-adjoint, le mécanicien-chef, la lingère, le brigadier des hommes d'équipe, un premier sous-brigadier, un deuxième sous-brigadier, le lampiste-chef, le fumiste-chef. Tous les employés, enfin, attachés au service de l'hôtel.

On eut recours à l'architecte. Il invoqua encore les besoins du service, vida encore des bureaux, deménagea encore des archives, et dans ces locaux vacants il organisa un joli logement de cinq pièces pour le conservateur du mobilier, un de trois pièces et une cuisine pour le surveillant-adjoint, un de deux pièces et une cuisine pour le mécanicien en chef, un de trois pièces et une cuisine pour la lingère, enfin un de deux pièces et d'une cuisine pour chacun des autres.

Et ce ne fut pas fini.

Les cinq huissiers de M. le Ministre et les quatre hommes de service chargés de l'entretien des appartements de Son Excellence vinrent à la rescousse.

Un chef du matériel n'est pas de taille pour résister aux huissiers et aux gens de service du Ministre.

On prit un étage et l'on y installa huissiers et gens de service.

En tout, cent trente-quatre pièces furent construites, peintes, décorées et probablement meublées, au Louvre, pour loger tous les favoris de M. le sous-directeur du matériel.

Et cela aux frais du ministère sur les crédits du matériel.

Quant aux employés, qui furent pour cela chassés de

leurs bureaux convertis en logements, on les installa pour travailler dans ces hideuses baraques en bois qui déshonorent la cour du Carrousel (1).

***

Six cents employés sont actuellement logés dans le palais du Luxembourg, contrairement aux prescriptions de la loi de 1871.

Un nombre au moins égal dans les autres bâtiments de l'Etat.

Et dans les bâtiments de l'Etat, en Algérie, c'est pis encore.

Le rapporteur de la commission du budget, M. Wilson, disait en 1876 : « En Algérie, tous les employés sont logés : il n'est si mince employé à qui l'Etat ne donne le logement, et comme les édifices du domaine public ne suffisent pas, on loue, sous le prétexte très vague et très élastique d'*intérêt du service*, des maisons particulières et des hôtels importants. »

Depuis les choses n'ont fait qu'empirer.

La commission du budget estime que, tout en laissant au gouvernement la faculté de loger les ministres et un certain nombre d'employés, il y a lieu à la suppression immédiate de 543 logements pour les seules administrations centrales et les régies de palais nationaux.

Et que, sur les 4 millions de francs inscrits au budget au chapitre du matériel, le retrait des concessions abusives de logement permettrait une économie annnelle de plus d'un million.

Si à ce chiffre d'un million que nous coûte annuellement l'abus des concessions de logements que votre gouvernement accorde à ses employés favoris, vous ajoutez le chiffre des dépenses occasionnées par le premier établissement de ces logements, leur construction et leur aménagement, vous pourrez, Monsieur le Ministre, vous faire une idée approximative de la façon dont en tout cela sont gaspillés les deniers publics.

(1) *Les Finances de la République*, de M. Le Trésor de La Rocque.

***

Au ministère des cultes, il est de règle de n'accorder de gratifications au 1er janvier qu'aux employés dont les appointements ne dépassent pas 4.000 fr.

Pendant son court passage au ministère M. Paul Bert a eu bien soin de ne tenir aucun compte de cette règle.

M. Paul Bert alloua quatre gratifications de 1.000 fr. chacune à des employés supérieurs dont le moins rétribué avait un traitement de 10.000 fr.

Et, ne pouvant imputer le montant de ces gratifications sur le chapitre du personnel, M. Paul Bert les préleva sur un autre chapitre, au mépris de la loi, qui interdit les virements.

Parmi les employés qu'il favorisa plusieurs avaient déjà reçu dans l'année des augmentations de traitement variant entre 3.500 fr. et 6.400 fr.

M. Paul Bert, en arrivant au ministère, prit comme chef de cabinet un jeune professeur du lycée Louis-le-Grand, qui avait à ce titre 6.000 fr. d'appointements; ces 6.000 fr. lui furent conservés et l'on y ajouta 10.000 fr. comme traitement de chef de cabinet et 2.000 fr. pour gratifications.

M. Paul Bert nomma directeur de l'enseignement un professeur de Douai auquel il accorda 6.000 fr. pour frais de route de Douai à Paris.

Il accorda 3.000 fr. pour frais de route de Niort à Paris à un professeur de Niort.

M. Dumay, employé au ministère des cultes, y était entré le 1er mars 1879, comme sous-chef de bureau, avec 4.000 fr. de traitement; le 1er juin 1879 son traitement fut porté à 4.500 fr., le 1er juin 1880 M. Dumay fut nommé chef de bureau à 6.000 fr. et le 1er juin 1881 son traitement fut élevé à 6.500 fr.

Arrivé au ministère M. Paul Bert trouva cet avancement insuffisant. Le 1er décembre 1881 il nomma M. Dumay chef de division à 10.000 fr. d'appointements.

Ainsi, grâce à M. Paul Bert et au mépris de toutes les règles, M. Dumay reçut en trois ans trois grades et de plus la croix de la Légion d'honneur.

L'avancement d'un autre employé, M. Mulatier, ne fut pas moins rapide, toujours grâce à M. Paul Bert.

M. Mulatier avait obtenu 2.400 fr. de traitement le 1er mars 1879, 2.700 fr. le 1er janvier 1880, 3.000 fr. le 1er juin 1880, 4.500 fr. le 1er janvier 1881.

Le 1er décembre 1882, M. Paul Bert lui alloua 8.000 fr. d'appointements.

On pourrait multiplier les exemples de favoritisme et de gaspillages commis par M. Paul Bert pendant sa courte carrière de ministre.

Lorsque M. Paul Bert disparut, lorsqu'il fallut éloigner du ministère ses favoris, ses directeurs et ses chefs improvisés, il n'en coûta pas moins au Trésor que lorsque M. Paul Bert les avait appelés auprès de lui.

Non seulement les professeurs, chefs de cabinet, secrétaires, attachés, renvoyés dans leurs chaires, à Paris ou ailleurs, n'y furent renvoyés qu'avec avancement, mais ils furent gratifiés de frais de déplacement. Tel obtint 2.000 fr. et tel autre 3.500 fr. pour revenir de la rue de Grenelle à un lycée de Paris.

Le professeur de Douai, appelé par M Paul Bert à la direction de l'enseignement, et qui eut à peine le temps de s'y installer, fut pourvu d'une place d'inspecteur général hors cadres.

L'école supérieure des filles de Sèvres a été dotée d'une chaire d'histoire de la morale, en outre de la chaire de morale déjà existante, sans nul autre motif que celui de caser un professeur de philosophie laissé dans l'embarras par la chute de M. Paul Bert (1).

En vérité, tout cela, Monsieur le Ministre, tout cela est fantastique.

***

Sur le milliard prévu pour la construction des écoles, quelle est la part qui est tombée entre les mains des protégés et amis, entrepreneurs et architectes qui vous entourent?

Oserez-vous le dire, Monsieur le Ministre?

Nierez-vous qu'en fait de constructions d'écoles on a souvent dépassé la mesure?

(1) *Les Finances de la République*, de M. Le Trésor de La Rocque.

Importait-il au développement de l'instruction de construire des manières de palais dans chaque village, comme vous le reproche justement M. Leroy-Beaulieu ?

Je connais pour ma part une commune de 457 habitants dans laquelle la seule construction de l'école a coûté plus de 100.000 fr.

Pour tous élèves cette école a trois filles et cinq garçons.

Combien d'indemnités ont été concédées à Paris et ailleurs, aux frères et amis, tout aussi légitimes que celle accordée au sieur Harant, dont voici le cas :

M. Harant, conseiller municipal à Paris, dirigeait, rue de Jouy, un pensionnat qui n'avait jamais été florissant. Chaque année voyait diminuer le nombre de ses élèves et M. Harant en était arrivé au point que, ne pouvant payer son loyer, il était poursuivi par son propriétaire.

Ce fut en ce moment qu'il fit approuver par le conseil municipal un traité par lequel il cédait à la Ville, moyennant une somme de 180.000 fr., son droit au bail pour le local qu'il occupait rue de Jouy.

Ce local était si mal approprié qu'il a fallu faire des travaux d'aménagement excédant 100.000 fr. pour pouvoir y installer une autre école.

Importait-il au développement de l'instruction de construire des écoles normales comme celle construite dans certain chef-lieu, dont la construction a coûté plus de 600.000 fr., et dans lesquels les instituteurs que vous destinez aux écoles de villages et de hameau sont élevés dans un luxe et un confort inouis; les lavabos de ces messieurs sont en marbre, avec des robinets d'eau chaude ou d'eau froide à volonté, les rideaux en guipure, les tapis moelleux et les sièges capitonnés.

Et tout cela n'est-il pas du gaspillage sans motif ?

En 1875, les ministères de l'agriculture et du commerce, actuellement séparés, étaient unis en un seul ministère.

Depuis la séparation faite, de 6 millions de dépenses, chiffre constaté en 1875, les dépenses du ministère du commerce sont montées à 21 millions.

Celles du ministère de l'agriculture se sont élevées de 12 millions à 26 millions.

Voilà, pour les contribuables, le bénéfice de la séparation faite du ministère de l'agriculture et du commerce en deux ministères distincts.

Quelques détails feront mieux saisir encore le bénéfice de cette séparation.

En ce qui concerne les frais de bureau, la dépense, qui s'élevait en 1875, c'est-à-dire avant la séparation, à 629 fr. par employé, ressort aujourd'hui à 1.447 fr. par employé.

En 1875, les deux services réunis de l'agriculture et du commerce dépensaient 2.500 fr. pour l'éclairage; en 1885, ces deux services séparés dépensent 23.500 fr. pour l'éclairage.

En 1875, le chauffage coûtait 2.000 fr.; en 1885, il en coûtera 40.000.

Pour le ministère du commerce, l'art. 3 du budget de ce ministère affecte 22.000 fr. pour indemnités de travaux extraordinaires et gratifications; l'art. 4, 10.000 fr. pour travaux exécutés par des employés supplémentaires non commissionnés; soit en tout 32.000 fr.

Pour le ministère de l'agriculture, l'art. 3 du budget de ce ministère affecte 22.000 fr. aux travaux extraordinaires et gratifications; l'art. 4, 10.500 fr. pour travaux exécutés par des employés supplémentaires non commissionnés; soit en tout 32.500 fr.

Si l'on ajoute les 32.500 fr. du ministère de l'agriculture aux 32.000 fr. du ministère du commerce, inscrits au budget pour le même but, on trouve 64.500 fr.

C'est à ce crédit de 64.500 fr. qu'il faut comparer celui de 2.500 fr. auquel, en 1875, le ministère de l'agriculture et du commerce empruntait le nécessaire pour payer gratifications, travaux extraordinaires et employés supplémentaires.

D'où une augmentation de 62.000 fr. de dépenses, en 1885, pour les mêmes services qu'en 1875.

Pour l'agriculture et le commerce, le budget de 1875 allouait au Ministre, directeurs, sous-directeurs, chefs de bureau, sous-chefs, employés ou commis, une somme totale de 559.000 fr.

Le budget de 1885 accorde 988.000 fr. à ce même personnel,

Pour les gens de service, le budget de 1875 ouvrait un crédit de 41.000 fr.

Celui de 1885 leur octroie 100.000 fr.

Il y a plus.

En 1875, on dépensait au ministère de l'agriculture et du commerce 600 fr. pour la lingerie.

Aujourd'hui, la note de la lingerie monte à 11.500 fr.

A qui fera-t-on croire que le blanchissage de quelques serviettes et rideaux coûte 11.500 fr.?

Et l'entretien du mobilier, qui de 2.000 est monté à 27.500 fr.

Et le crédit de 40.000 fr. affectés aux affranchissements, alors qu'on n'use pas de timbres-poste dans les ministères et qu'on y a la franchise?

Tout cela, encore une fois, n'est-ce pas du simple gaspillage?

***

Avant l'entrée de M. Wilson au ministère des finances, nul ne s'était occupé des impressions.

Les chefs de services qui avaient besoin des imprimeurs commandaient les impressions comme bon leur semblait, c'est-à-dire aux imprimeurs qui travaillaient le mieux et à meilleur compte.

Aujourd'hui il n'en est plus ainsi.

Discrètement on demande aux chefs de services les noms de leurs imprimeurs et discrètement aussi on les informe que ceux-ci n'ont plus la confiance du gouvernement.

M. Wilson accapare les fournitures de bureau pour ses compères et au besoin pour lui-même.

Un incident récent a mis ce fait en lumière que les directeurs des ministères étaient invités à s'adresser, pour leurs commandes, à l'imprimerie commanditée par M. Wilson.

Bon M. Wilson, pendant qu'il imprime à Tours des bordereaux pour le ministère des finances, il fabrique à Loches des couvertures en caoutchouc pour le ministère de la guerre!

J'ignore, Monsieur le premier Ministre, ce que M. Wilson fait payer au ministère les fournitures de bureau qu'il leur livre.

Mais ce que je sais, ce qu'on apprend en étudiant les divers chapitres du budget, les dépenses d'impressions et de fournitures de bureau ont pris, en ces dernières années, des proportions et des accroissements fantastiques.

Et que là encore il y a bel et bon gaspillage.

***

Gaspillage, gaspillage, gaspillage sans nom en tout et pour tout, gaspillage sans pudeur, Monsieur le Premier Ministre, voilà ce que constate, à tous ses chapitres, le plus superficiel examen du budget depuis l'avènement au pouvoir du gouvernement dont vous êtes le chef.

Oncques, de mémoire d'homme, on ne vit gaspillage aussi fantastique des deniers publics et de l'argent des contribuables.

VI

MÉPRIS DE LA LÉGALITÉ

« Une seule chose est sincère, utile et profitable, di- » sait M. Thiers, c'est d'avoir un seul et même budget, » d'avoir dans un seul tableau toutes les dépenses, » même extraordinaires, de l'Etat. Alors on sait la situa- » tion, alors le public la comprend facilement et immé- » diatement, sans qu'il soit possible de faire illusion à » personne. » L'éminent homme d'Etat, revenant, en 1871, sur cette idée d'un budget unique et blâmant le système adopté par l'Empire, système en vertu duquel on écartait du budget ordinaire une foule de dépenses qui cependant étaient inévitables, permanentes et nécessaires, pour les reporter dans un budget dit extraordinaire, ajoutait : « *Nous ne retomberons pas dans cette faute... Au pouvoir, je ne ferai pas ce que j'ai condamné quand j'étais dans l'opposition.* »

De fait, M. Thiers supprima le budget extraordinaire en 1871.

Toutefois, à côté du budget ordinaire, on ouvrit un compte dit de liquidation dans lequel devaient être inscrites les dépenses ayant pour objet la réparation des désastres de la guerre. Ce compte n'était pas annuel et il devait être pourvu à ses dépenses par l'emprunt.

Ce compte de liquidation a été clôturé quelques années après la guerre.

Il semblait qu'à partir de ce moment des expériences répétées et l'autorité de M. Thiers auraient dû préserver le gouvernement républicain d'en revenir à la multiplicité des budgets.

Il n'en a rien été. Des hommes se disant les disciples de M. Thiers, ayant, comme lui, protesté sous l'Empire contre l'existence du budget extraordinaire, n'ont pas redouté de faire au pouvoir, et dès qu'ils y sont parvenus, ce qu'ils avaient condamné quand ils étaient dans l'opposition.

Le budget extraordinaire a été rétabli par les Chambres qui ont succédé à l'Assemblée nationale.

Et, depuis, l'existence de ce budget est devenue pour nos gouvernants le meilleur moyen de gaspiller nos finances, tout en masquant ce gaspillage par la présentation de budgets ordinaires apparemment équilibrés.

L'existence d'un budget extraordinaire et d'un budget ordinaire étant admise, il y aurait eu un moyen d'atténuer les inconvénients de cette pluralité de budgets.

C'eût été, lorsqu'un doute s'élevait sur la nature d'une dépense, de trancher la question en portant de préférence cette dépense au budget ordinaire.

On a fait tout le contraire.

Tant qu'on l'a pu on a rejeté sur le budget extraordinaire le plus grand nombre des dépenses ordinaires.

Le budget extraordinaire avait été rétabli en vue des grands travaux publics.

Peu à peu chaque Ministre est venu y puiser un complément aux ressources de son budget ordinaire.

Sept cent quarante millions cent dix mille neuf cent treize francs ont été *illégalement* prélevés, en cinq années, sur les ressources du budget extraordinaire, par les dfférents ministères, pour payer des dépenses qui, *légalement* et régulièrement, devaient être payées sur les fonds du budget ordinaire.

***

Cette illégalité, Monsieur le Ministre, n'est pas la seule commise par le gouvernement républicain opportuniste dans l'administration de nos finances.

La première condition pour qu'un budget soit réellement en équilibre, c'est que les recettes d'une année suffisent aux dépenses de cette même année.

Or, aucun de vos exercices budgétaires n'est dans ce cas.

Les recettes d'une année ne sont plus spécialement affectées par vous aux dépenses de cette même année.

Le budget de 1879 a emprunté 119 millions aux exercices de 1875, 1876, 1877, et légué 96 millions aux budgets de 1881 et 1882.

Le budget de 1880 a emprunté 66 millions aux exercices 1876, 1877 et 1878, ainsi qu'à l'excédent du premier compte de liquidation, et il a légué 300 millions aux budgets de 1882 et 1883.

Le budget de 1881 a emprunté 80 millions aux recettes de 1877, 1878, 1879, et il a légué à son tour des ressources aux exercices suivants.

Quant aux budgets de 1882, 1883 et 1884, leur apparent équilibre est également dû à des ressources empruntées aux budgets précédents.

En un mot, vos exercices financiers n'ont ni queue ni tête.

Ils ne sont constitués par aucune des règles qui doivent les gouverner; ils sont constitués en dehors de ces règles, c'est-à-dire sans respect de la légalité et à son mépris.

***

Une autre règle protectrice de la fortune publique et sauvegarde d'une bonne administration des finances de l'Etat est encore constamment violée par vous.

L'exercice 1884 vient d'être clos; dans deux mois au

plus tard le projet de règlement de ce budget devrait être soumis aux Chambres.

Or, il n'en sera rien.

Le Ministre des finances n'a encore déposé ni le projet de règlement du budget de 1881, ni le projet de règlement du budget de 1880. Le projet de règlement du budget de 1879 n'a été soumis aux Chambres qu'en juin 1882, avec un retard de seize mois.

Ainsi est violée par vous la prescription édictée par les hommes d'Etat de la Restauration, qui, voulant organiser un sérieux contrôle de l'administration des finances publiques, avaient ordonné que le projet de règlement d'un budget devait être déposé par le gouvernement dans les deux premiers mois de l'année qui suit la clôture de ce budget, et que son règlement définitif devait faire l'objet d'une loi particulière, proposée aux votes des Chambres avant la présentation de la loi annuelle du budget.

D'ailleurs, comment pourrez-vous observer ces prescriptions ?

La loi des comptes ne peut être préparée tant que les déclarations de conformité n'ont pas été rendues.

Ces déclarations de conformité ne peuvent être rendues par la Cour des comptes si elle n'a pas reçu le compte général des finances, la situation provisoire de l'exercice courant et les autres documents nécessaires pour les établir.

Or, la Cour des comptes n'a pas encore reçu ces documents pour le budget de 1881.

Vous violez encore la loi, Monsieur le ministre, par une certaine façon que vous avez d'ajourner le paiement de dépenses faites.

Les budgets de la République sont des budgets trompeurs qui cachent de grosses dépenses sous de faibles crédits.

Du moment où il obtient 5 millions de crédit, votre gouvernement se croit libre d'en dépenser 14, en distinguant subtilement les sommes payées des sommes engagées.

Pour tel chapitre du budget de la guerre le total inscrit est de 10 millions! Erreur! la dépense réellement faite est de 15 millions; seulement, 5 millions sont soustraits du budget présent et rejetés sur les budgets futurs.

M. Thibaudin veut plaire à ses amis les radicaux, intéressés dans une société qui a construit des magasins dispendieux et rêve de les faire passer au ministère de la guerre.

Que fait M. Thibaudin?

Une demande de crédit éveillerait l'attention.

Aussi bien il se contente de signer un bail de location desdits magasins, avec stipulation du droit d'acquérir ces magasins, qu'il occupe en apparence à titre de locataire.

La dépense n'est pas ainsi inscrite au budget présent.

Elle apparaîtra dans les crédits des budgets à venir.

Au budget des travaux publics tel article donné est inscrit pour un crédit d'un million.

Erreur!

Le crédit inscrit n'a servi qu'à payer des intérêts.

En fait, la dépense n'est pas de 1 million, mais de 20 millions, montant d'expropriations.

Le Ministre s'est dit qu'une fois le crédit voté, une fois la dépense engagée, les Chambres devront bien se résigner à en payer le capital.

Et il se débarrasse allègrement de la charge prévue en la léguant à l'avenir.

Les 20 millions qu'il dépense ne grèvent pas son budget.

Ils pèseront sur les budgets de ses successeurs.

A eux d'aviser.

Parmi les propriétaires expropriés pour l'établissement de voies publiques, il y en a qui attendent depuis des années le paiement de leur indemnité.

Ces propriétaires attendent patiemment, puisqu'on leur paie l'intérêt à 5 0/0 des sommes qui leur sont dues.

Seulement l'État, qui paraît libéré d'après les indications du budget, reste débiteur des indemnités concédées.

Et un jour il apparaîtra de ce chef un arriéré gênant pour les finances publiques.

A l'appui du crédit de 9 millions demandé pour le Tonkin il y a quelques mois, le gouvernement déclara que la somme de 5.300.000 fr. qui lui avait été allouée par la loi du 28 mai 1883 n'était pas épuisée.

On était en novembre.

« Interrogé par nous, dit à cette occasion, dans son
» rapport de la commission du Tonkin, M. Léon Renault,
» interrogé par nous, le gouvernement a répondu qu'il
» fallait entendre sa déclaration relative au non épuise-
» ment des premiers crédits votés en ce sens seulement que
» les dépenses payées à la date du 8 novembre 1883 n'at-
» teignaient pas le chiffre du crédit ouvert par la loi du
» 28 mai ; mais il a loyalement reconnu que les dépenses en-
» gagées à cette date dépassaient notablement ce chiffre. »

Le système de votre gouvernement, le voici, Monsieur le premier Ministre.

Quand l'affaire que vous voulez entreprendre ne peut absolument pas être soustraite au Parlement et exige des conditions pécuniaires pour lesquelles son concours est indispensable, vous faites la demande si faible, que le crédit passe inaperçu ; puis, quand ce crédit est obtenu, vous le dépassez en mettant en œuvre toutes les ressources de la trésorerie. C'est seulement le jour où le compte devient obligatoire à faire que vous arrachez le voile et dites : « La signature de la France est engagée, vous ne pouvez refuser de lui faire honneur. »

Vous marchez de l'avant, engageant des dépenses sans crédits ouverts pour les solder, dépassant des crédits ouverts pour un but donné, sans vous inquiéter autrement des lois qui vous défendent d'agir ainsi.

Puis, quand le mal est fait, vous demandez un emprunt, une ouverture de crédits, emprunts et ouvertures de crédit rétroactifs, dont le fonds est déjà dépensé, et que votre majorité vous accorde parce qu'elle ne peut faire autrement, mais qui sont la preuve de sa faiblesse, de l'amoindrissement public de son autorité.

Je ne connais rien, quant à moi, qui témoigne plus tristement de l'état de nos mœurs politiques que cette pratique du bill d'indemnité se substituant, à tous les degrés de l'échelle gouvernementale, à la pratique de la loi.

VII

OU MÈNENT LE FAVORITISME, LE GASPILLAGE ET L'ILLÉGALITÉ

Quand on a prouvé au gouvernement que vous dirigez, Monsieur le Ministre, qu'il pratique chaque jour le favoritisme et le gaspillage et qu'il vit dans l'illégalité chronique, on ne lui a rien appris qu'il ne sache à merveille.

Votre gouvernement viole la loi avec abandon, on peut même dire avec coquetterie. Il n'a pas le sens légal.

Après les preuves que je vous en ai données, il faut, comme l'on dit, tirer l'échelle.

Mais, pour se rendre compte du sans-façon sublime avec lequel il le fait, il faut lire les déclarations ministérielles.

Quelle aisance et quelle belle humeur, quelles façons lestes et tranchantes!

« Nous ne sommes pas des imprudents, disait en 1882 » M. Magnin, et vous pouvez être convaincus que, tant » que nous aurons l'honneur de gérer les finances de la » France, nous aurons grand soin de maintenir dans nos » budgets cet équilibre qui en est la première nécessité » dans un gouvernement républicain. »

Après M. Magnin :

« Il n'y a pas lieu de s'inquiéter, disait M. de Freycinet, et c'est même avec une certaine fierté qu'il faut » envisager la situation des finances de la République. »

Et après M. de Freycinet :

« La situation n'a rien d'inquiétant, disait M. Tirard, » et le pays peut se tranquilliser. »

Hélas! Monsieur le Premier Ministre, c'est le contraire qui est vrai.

Neuf ans d'emprunts à la sourdine et d'expédients irréguliers ont compromis les plus belles finances du monde. Les ressources du pays sont atteintes. L'avenir est mangé d'avance.

***

Dans son exposé des motifs du budget, M. le Ministre des finances déclare que six exercices (1876 à 1885) présentent des excédants de recettes montant ensemble à 557 millions et les deux exercices suivants (1882 et 1883) des déficits de 30 millions pour le premier et de 46 millions pour le second, ce qui donnerait sur l'ensemble de ces huit exercices un excédent net de 281 millions.

Cela n'est pas exact.

Quand, en effet, on a déduit des recettes de chaque budget ordinaire les prélèvements et autres fonds provenant de l'emprunt, et quand on a rétabli dans ce budget ordinaire les dépenses normales indûment imputées sur les ressources du budget extraordinaire, trois années seulement présentent des excédents de recettes, les cinq autres se soldent en déficit.

Pour 1876, où le projet de loi de règlement définitif présente un excédent de recettes de 98 millions, il faut ajouter aux dépenses du budget ordinaire 20 millions de dépenses indûment inscrites au compte de liquidation.

L'excédent des recettes sur les dépenses de cet exercice n'est donc en réalité que de 78 millions en chiffres ronds.

Pour 1877, le projet de règlement définitif de l'exercice présente un excédent de recettes de 63 millions.

Si l'on reporte aux dépenses du budget ordinaire les 25 millions de dépenses de cet exercice indûment imputées encore au compte de liquidation, l'excédent annoncé se réduit à 38 millions.

Pour 1878, le projet de règlement définitif présente un excédent de 62 millions.

Ici encore non seulement 25 millions de dépenses ordinaires ont été indûment inscrites au budget extraordinaire du compte de liquidation, mais une somme de plus d'un million a été prélevée sur l'excédent des recettes de l'exercice 1876.

Défalcation faite de ces 28 millions, l'excédent réel de l'exercice 1878 est donc seulement de 36 millions.

En 1879, le mécompte est plus considérable et l'excédent annoncé de 96 millions se transforme purement et simplement en déficit.

Pour cet exercice, en effet, nous trouvons 119 millions de recettes qui lui sont absolument étrangères, ces recettes étant prélevées sur les excédents des budgets antérieurs. En plus, il nous faut rétablir au montant de ses dépenses 67 millions de dépenses indûment payées sur les ressources du budget extraordinaire.

Et nous trouvons ainsi pour cet exercicc un déficit réel de 90 millions.

Pour 1880, le Ministre des finances annonce un excédent de 130 millions.

Si l'on en déduit 99 millions de dépenses indûment inscrites au budget extraordinaire, plus de 48 millions de recettes prélevées sur les excédents des budgets antérieurs, on se trouve en présence d'un déficit de 17 millions.

Pour 1881, l'excédent annoncé de 107 millions n'est pas plus exact que les autres.

Pour ce seul exercice, en effet, 121 millions de dépenses sont indûment imputées au budget extraordinaire. En les ajoutant aux dépenses ordinaires et en soustrayant des recettes réelles 81 millions empruntés aux excédents des budgets antérieurs, on constate un déficit de 95 milions.

L'année 1882 est la première pour laquelle votre gouvernement consente à avouer un déficit, malgré une plus-value dépassant 100 millions sur les prévisions budgétaires, et ce déficit avoué serait de 30 millions.

Il est malheureusement beaucoup plus considérable et dépasse 222 millions.

Pour cet exercice, il faut en effet ajouter aux dépenses 128 millions indûment payés sur ressources du budget extraordinaire et déduire des recettes 64 millions empruntés aux recettes des budgets antérieurs.

Le déficit de 46 millions annoncé pour 1883 est également bien inférieur à la réalité.

Pour la première fois, les recettes de cet exercice sont restées au-dessous des évaluations budgétaires, et cela non pas de 59 millions, comme il est dit dans l'exposé des motifs, mais au moins de 66 millions, car M. le Ministre des finances a oublié d'y tenir compte de la diminution des produits des forêts.

Cette diminution est de 7 millions, et elle était parfaitement connue du Ministre au moment de la rédaction de son exposé des motifs.

A ces 66 millions de diminution des recettes, il faut ajouter toutes les recettes qui, n'appartenant pas à l'exercice 1883, y ont été amassées de tous côtés pour atténuer le déficit, et que M. le Ministre des finances luimême qualifie de *ressources extraordinaires*, tout en les additionnant, sans hésitation, aux recettes du budget ordinaire.

Ces recettes s'élevant à 86 millions, si on les ajoute aux 66 millions de diminution des recettes prévues, on a un total de 152 millions.

En ajoutant encore à ces 152 millions, et comme il convient de le faire, 98 millions de dépenses indûment imputées au budget extraordinaire, on arrive à constater pour 1883 un déficit certain de 250 millions.

Comment se soldera l'exercice 1884 ?

Pour l'estimer exactement, je prendrai les chiffres donnés par le Ministre des finances dans un projet de loi sur les crédits supplémentaires, déposé à la séance du 30 juin 1884.

Dans ce projet, M. le Ministre des finances conclut à un déficit probable de 107 millions.

Mais il ne déduit des recettes que le déficit constaté par elles pendant les cinq premiers mois de l'exercice, soit 30 millions.

Or, d'après le *Journal officiel,* ce déficit était de 40 millions à la fin du premier semestre.

Admettant que le déficit soit moindre pour le second semestre de l'exercice, soit de 30 millions seulement, cela fera toujours 70 millions de déficit dans les recettes pour l'exercice entier.

Le Ministre n'a tenu compte cependant que de 30 millions.

Pour la vérité et l'exactitude des faits, il faut ajouter les 40 millions qu'il a oubliés ou négligés aux 107 millions de déficit prévus par lui pour l'exercice.

Ce qui porte à 147 millions le déficit réellement probable de cet exercice.

A ces 147 millions il faut encore ajouter 48 millions empruntés aux prétendus excédents des exercices antérieurs, que M. le Ministre fait figurer aux recettes ordinaires de l'exercice; plus 41 millions de dépenses indûment payées sur ressources du budget extraordinaire.

Le déficit probable de l'exercice 1884 sera donc d'au moins 236 millions.

Et il y aura à parer aux crédits supplémentaires ou extraordinaires que la situation extérieure a rendus nécessaires.

En tenant compte des annulations possibles en fin d'exercice, le budget de 1884 se soldera par un déficit certain de 280 millions.

Ainsi, pour les neuf années écoulées de 1876 à 1885, on trouve :

Trois excédents :

1876	76 millions.
1877	38 —
1878	36 —
Total	150 millions.

Et six déficits :

1879	90 millions.
1880	17 —
1881	95 —
1882	222 —
1883	250 —
1884	280 —
Total	954 millions.

Si de ces 954 millions de déficit on retranche l'excédent, soit 150 millions, il reste un déficit général de 804 millions pour huit années.

Un milliard de déficit, environ.

Les calculs que je viens d'établir, Monsieur le Ministre, sont irréfutables.

Ne pouvant les contredire, les financiers opportunistes porteront leurs efforts ailleurs.

Ils diront que j'ai négligé l'avenir.

L'avenir, c'est la plus-value des recettes.

Si nos finances sont obérées en ce moment, elles recouvreront bientôt, sans doute, leur élasticité habituelle.

Examinons donc ce point avec quelque réflexion, si vous le voulez bien.

***

Les deux tiers au moins des ressources du budget sont fournies par des taxes dont le produit varie suivant le nombre des consommateurs, les mouvements de la richesse et l'activité des affaires.

Depuis sept années la progression de ces ressources avait été constante.

Sur l'enregistrement la plus-value était de 100 millions.

Elle était de 12 millions sur le timbre, de 88 millions sur la douane, de 60 millions sur l'alcool, de 33 millions sur le tabac, de 32 millions sur la poste, de 14 millions sur l'impôt du 3 0/0, de 20 millions sur d'autres taxes, soit en tout de 359 millions.

Et il n'était pas tenu compte des excédents masqués par les réductions de tarifs.

Enivrés de ces résultats, le gouvernement et les Chambres ont perdu leur sang-froid.

Ils ont préparé les budgets et géré les finances comme si la progression des ressources devait sans cesse s'accroître.

Or, quand l'on étudie de près les causes de cette progression pendant les sept années pendant lesquelles elle eut lieu, on s'aperçoit qu'elle provenait de circonstances purement passagères.

Pour l'enregistrement, par exemple, quelle circonstance produisait l'énorme progression des recettes provenant de ce chef?

C'était purement et simplement l'augmentation de la valeur de la propriété bâtie.

Entre 1877 et 1883, le Crédit foncier a constaté une augmentation de 50 0/0 sur la valeur des constructions, non seulement dans les grandes villes, mais aussi dans les villes moyennes, dans les stations thermales, dans les stations des bains de mer, dans les stations hivernales.

Cette hausse n'avait d'ailleurs rien de surprenant.

Par ses entreprises de travaux, par l'effet de ses tarifs douaniers et de ses mesures fiscales le gouvernement, de 1877 à 1883, a attiré dans les grandes villes une notable partie de la population des campagnes.

Pour loger ces populations il a fallu construire.

On ne se préoccupa même pas, comme il le convenait, dans les constructions que l'on fit, des besoins des populations déplacées.

Une sorte de fièvre gagna les entrepreneurs.

Ils construisirent sans consulter les ressources des nouveaux habitants.

Tandis qu'à Paris et dans les grandes villes quelques centaines de logements auraient suffi pour les familles habituées au luxe, les entrepreneurs multiplièrent les édifices somptueux et négligèrent les habitations destinées à la population ouvrière.

Quoi qu'il en fut, le nombre des constructions s'accrut, le prix des terrains renchérit, de même les prix des matériaux et de la main-d'œuvre.

Les propriétés anciennes bénéficièrent de la plus-value des propriétés nouvelles.

De là l'augmentation des droits de mutation, soit au moment de l'ouverture de successions, soit au moment de la vente.

De là aussi l'augmentation des recettes de l'enregistrement.

***

A cette même époque, c'est-à-dire de 1877 à 1882, les gens de bourse et les spéculateurs furent, eux aussi, frappés de vertige.

On doubla, on tripla le capital des sociétés existantes.

On en créa de toutes sortes et de toute nature.

Et le prix des actions de ces sociétés, comme celui des autres valeurs mobilières, s'éleva à des taux insensés.

***

Aujourd'hui, l'état des choses s'est singulièrement modifié.

Une crise violente sévit sur la propriété urbaine.

La hausse provoquée sur cette propriété de 1877 à 1883 a dépassé la limite.

Les constructions neuves restent inoccupées et les propriétaires sont obligés de baisser leur prix de location.

La baisse des propriétés urbaines entraîne celle de leur prix de vente.

La spéculation effrénée de 1877 à 1882 a accumulé ruines sur ruines et déprécié toutes les valeurs mobilières.

La propriété rurale est dans la situation la plus critique.

Depuis trois ans la crise agricole a aggravé cette situation.

En ce qui concerne les ressources du budget provenant de l'enregistrement, la situation se résume ainsi :

Il n'y a d'augmentation à espérer ni de par les valeurs mobilières, ni de par la propriété urbaine.

Et il y a de fortes diminutions à redouter de par la propriété rurale.

Les droits de timbre ont fléchi avec le taux des valeurs mobilières.

De plusieurs années il n'y a pas à en espérer le relèvement.

Les droits de douane ont également fléchi depuis 1882.

Leur augmentation rapide de 1877 à 1882 n'était d'ailleurs rien moins qu'un indice de prospérité.

Et leur relèvement n'est pas désirable.

Les droits de douane portant sur les vins étrangers, les denrées agricoles et les produits fabriqués importés de l'étranger, il est certain que la progression de ces droits accuse un affaiblissement de notre production nationale.

***

En résumé :

Pour l'enregistrement, pour le timbre, pour les principaux droits de consommation, c'est-à-dire pour la presque totalité des ressources variables qui alimentent le budget, il est sage de s'attendre à une diminution de recettes, ou tout au moins à un temps d'arrêt dans leur progression.

S'il se présente encore des excédents, ils se concentreront sur les droits de douane, dont la progression serait loin d'attester la prospérité de notre agriculture et de notre industrie.

***

En face de telles prévisions et pour tenir compte des éventualités de diminution de recettes qui menacent nos budgets, votre gouvernement montre-t-il quelque sagesse, Monsieur le Ministre ?

Nullement.

Au moment où tout lui annonce des diminutions certaines de recettes, lui s'évertue à enfler ses prévisions à cet égard, et par tous les artifices possibles, dans la préparation de ses budgets.

Vous consolidez dans les prévisions du budget des excédents qui ne peuvent plus se produire, et vous abandonnez pour l'évaluation des ressources probables les règles consacrées par l'expérience.

Jusqu'ici, la règle classique à observer pour l'évaluation des recettes consistait à adopter pour base d'évaluation les derniers résultats connus, ceux de l'exercice antérieur à la préparation de ce budget. Pour fixer les recettes de l'exercice 1885, par exemple, on devait s'arrêter aux chiffres des recettes effectuées pendant l'exercice 1883.

Cette règle, formulée en 1822, fut constamment observée jusqu'en 1883.

Elle a été abandonnée depuis.

Pressé par le désir d'obtenir des excédents fictifs, pour donner l'apparence d'équilibre nécessaire à son projet de budget, M. Léon Say proposa d'établir les prévisions de recettes du budget de 1883 non d'après les recettes connues de l'exercice 1881, mais d'après les chiffres de 1882, qui, à ce moment, n'étaient encore connus de personne.

Et pour arriver à déterminer empiriquement le chiffre inconnu des recettes de 1882, il proposa de se servir des chiffres connus de l'exercice 1881, en y ajoutant la plus-value d'une année calculée sur la moyenne des plus-values des trois dernières années.

Sur quelles bases sérieuses repose le système de M. Léon Say ?

On ne saurait le dire.

Au surplus, cela ne gêne guère votre gouvernement, Monsieur le Ministre.

Et depuis, un successeur de M. Léon Say, M. Tirard, a modifié le système adopté en 1883.

M. Tirard ne se contente plus d'évaluer les recettes du budget d'après les recettes du dernier exercice écoulé, en établissant le chiffre de ces recettes par l'addition au chiffre des recettes du dernier exercice connu, de la plus-value d'une année, calculée sur la moyenne des plus-values des trois dernières années.

M. Tirard calcule ses recettes probables en ajoutant au

résultat du dernier exercice connu la moyenne des plus-values, tantôt de deux années, tantôt de trois années, tantôt de cinq années, selon qu'il en a besoin pour augmenter le chiffre de ses prévisions.

***

En vérité, Monsieur le premier Ministre, c'est à croire que votre gouvernement se moque de tout.

A quoi songent nos Ministres, nos gens en place?

Leurs paroles ne sont pas refroidies qu'ils les oublient, qu'ils les démentent.

Oui, en vérité, en bon et clair français, il faut le dire.

Le désordre est à son comble dans votre gouvernement.

Le désordre, car il n'est pas dans un Etat bien réglé de désordre plus caractéristique que la violation permanente et obstinée des règles protectrices de la fortune publique.

VIII

RÉSUMÉ

En l'espace de neuf années, le gouvernement républicain opportuniste que nous avons la mauvaise fortune de posséder

A *augmenté de* **1.260** *millions* les charges budgétaires,

Et *amené* un déficit d'*un milliard* environ (1).

Or,

1° Il est impossible de continuer à faire les dépenses actuelles. Une nation ne peut pas emprunter 700 millions par an en temps de paix. Ce serait l'emprunt à perpétuité, c'est-à-dire une monstrueuse folie, avec une catastrophe au bout;

2° Il n'y a pas de plus-values budgétaires possibles à espérer. Les recettes budgétaires ne peuvent dépasser ce

(1) On peut dire un milliard réellement. Les chiffres de dépenses que nous avons donnés au cours de notre travail ne sont pas en effet les derniers chiffres officiels. Ces derniers chiffres, que nous ne pouvions avoir, doivent être considérés comme sensiblement supérieurs à ceux que nous avons indiqués.

qu'elles sont actuellement ; elles ne peuvent plus que décroître ;

3° Il ne faut pas parler de dégrèvements. Quand les opportunistes parlent de cela, ils s'imaginent parler à des Béotiens. On ne dégrève pas quand on ne sait pas si le lendemain on aura de quoi payer ses dettes et son entretien de chaque jour. On est beaucoup plus près d'établir des impôts nouveaux que de réduire les anciens;

4° Si le présent repose sur une base fragile, l'avenir est mangé d'avance et nos successeurs les plus prochains auront peine à y faire face. C'est à peine s'ils pourront entretenir la dette que nous leur léguons.

Pour atténuer un si déplorable état de choses, il faudrait immédiatement commencer la liquidation des entreprises mal conçues, des coûteuses expéditions au lointain, faire cesser le gaspillage inouï et le honteux favoritisme qui grèvent inutilement les dépenses publiques.

Tout cela est évidemment nécessaire.

Vous ne saurez le nier, Monsieur le premier Ministre.

Mais il n'est pas moins évident que tant que le gouvernement républicain opportuniste que vous présidez existera, cela ne se fera pas.

Que faire donc et que conclure ?

IX

CONCLUSION

Un seul parti est à prendre.

Liquider le passé et sauver l'avenir :

1° En rompant avec la coterie opportuniste ;

2° En renversant le gouvernement que vous présidez pour lui substituer un gouvernement capable de liquider la situation.

Sinon la liquidation se fera par la force des choses, c'est-à-dire avec la brutalité souveraine et la justice infaillible qui lui sont propres.

Telle est ma conclusion.

Plaise aux électeurs de 1885 de la ratifier !

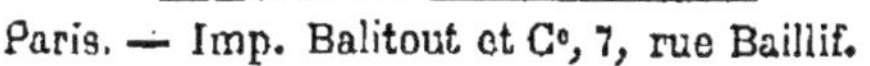

Paris. — Imp. Balitout et Cie, 7, rue Baillif.

www.ingramcontent.com/pod-product-compliance
Ingram Content Group UK Ltd.
Pitfield, Milton Keynes, MK11 3LW, UK
UKHW020416230726
13925UKWH00004B/1475

9 782014 057171